『秋叶静美』生死学丛书

直面 与 超越

雷爱民 著

华龄出版社

责任编辑：魏鸿鸣

责任印制：李未圻

图书在版编目（CIP）数据

直面与超越 / 雷爱民著 . —北京：华龄出版社，
2020.10

ISBN 978-7-5169-1753-4

Ⅰ . ①直…　Ⅱ . ①雷…　Ⅲ . ①死亡哲学　Ⅳ .
① B086

中国版本图书馆 CIP 数据核字（2020）第 184704 号

书　　名：直面与超越

作　　者：雷爱民　著

出 版 人：胡福君

出版发行：华龄出版社

地　　址：北京市东城区安定门外大街甲57号　　邮　编：100011

电　　话：010-58122246　　　　　　　　　　传　真：010-84049572

网　　址：http://www.hualingpress.com

印　　刷：北京市大宝装璜印刷厂

版　　次：2020年12月第1版　　2020年12月第1次印刷

开　　本：710mm×1000mm　　1/16　　印　张：10.5

字　　数：110千字

定　　价：52.00元

《秋叶静美》丛书编委会

主　　编：胡宜安

副主编：雷爱民　张永超

编　　委：胡宜安　雷爱民　张永超

　　　　　何仁富　黄　瑜　温远鹤

　　　　　李　杰

编者的话

　　华龄出版社组织策划的《秋叶静美》生死学丛书涉及死亡认知、临终尊严、老年失智、生前预嘱、殡葬习俗以及生命回顾与追忆散文选编六个主题，这是国内第一套系统的生死学丛书，既体现着客观生命进程的内在必然，也体现着人们生命认知的主观需要。

　　生命既是一列没有返程票的列车，每个生命都有自己的终点站；生命也是一条川流不息的河流，每个人都会投向海洋的怀抱。如此看来，生命的旅程自是风光无限，出生是踏上这一列观光之旅，离别则是另一场旅程的开启。生是自然，死亦是自然。

　　长期以来，人们对生命的认知与感悟似乎只是悦纳生而畏惧死，且重生而轻死，所谓："靡不有初，鲜克有终。"不过，这种情况正在发生改变。随着国人对生命进程从"求取生存"到追求"生活质量"，再到追求"生命质量"的客观发展，人们对生死的认识与态度也在发生变化。尤其是中国社会进入老龄化时代之后，伴随而来的，除了一系列社会问题，更有深层次的思想认识问题需要解决，比如说：什么是死、如何面对自己的临终、如何处理逝者的后事……这些问题往往事关生者与死者、个体与社会关系的方方面面，可谓"牵一而发动全身"，而要解决这些问题，其前提就是向大众普及死亡教育、培养死亡自觉。

　　《直面与超越》引导读者思考什么是死亡？如何看待死亡恐惧？如何以科学之眼透视死亡？在死亡面前，人类是否可以通过不同途径超越死亡？读过本书，相信会带给读者以更多启发；《生命与尊严》对什么是临终尊严？什么是安宁疗护？以及临终尊严如何维护进行了较通俗而严谨的分析，旨在引导读者在面临"救治还是放弃"困境时如何作出正确的选择；《遗忘与难忘》针对失智与失能现象日益严重的问题，对什么是失智？如何认识失智？如何陪伴与照护失智症患者等问题进行较通俗的解答，引导读者面对"熟悉"的陌生人进行有效的陪伴，让爱同行；《准备与道别》则重在解答如何有准备地迎接死亡的问题，明确告诉读者：我们是可以通过生前预嘱、预立遗嘱以及培养良好的疾病观念，给予家人的陪伴与爱等，最后以"四道人生"实现生命的完美谢幕；《旧俗与新风》则面对如何安排亲人的后事，如何达到生死两安等问题，通过系统考察殡葬礼俗的概念及由来，以及殡葬的未来发展趋势，对我们如何做到"生死两安"作出了明确的解答；《回望与追忆》收集了古今中外多篇关于生命的回顾以及亲友的回忆散文，并做了深刻而清晰的导读，引导读者从这些优美的文字中吸取我们应对生离死别的生命智慧，从而坦然面对生死，优化自我生命。

本丛书分6个主题，且相互关联又各自成书，每一个主题都得以充分展开，从总体上呈现出丰富性与系统性；同时，丛书主题之间从一般认知到面对自己的临终，再到理性规划自己的死亡，有清晰的内在逻辑，从而使得整体内容连贯而完整。

认识死亡才能真正拥抱生命，也只有这样，才能抵达优雅尊严的人生终点站。丛书所倡导的豁达、平和而理性的生死观，必将对读者大众产生良好的启蒙作用。作为国内第一套系统介绍死亡的丛书，其所产生的社会效益值得期待。

目录
Contents

序言

现代人的死亡与尊严

　　人的死亡是怎么发生的？人临终的时候会发生什么事情？这些是科学家一直在探索的重大课题。随着"西方死亡学"（Thanatology）的兴起，很多学者开始深入研究人的死亡过程、临终心理、濒死体验等，希望进一步揭开死亡的神秘面纱。其中，濒死体验（NDE）研究引起了人们的极大兴趣，似乎死亡的秘密即将在此揭晓。研究者们通过对临界死亡之人的材料收集，发现很多人的濒死体验有许多共同特点。一些经历过突发事件而被认定为死亡，然而后来并没有死的人，他们在"假死"期间体验到了一些非比寻常的感受，比如有的人遭遇严重车祸，临界死亡，醒来之后，报告说感觉自己的灵魂离开了身体，飘浮在空中，期间还看到了周围发生的事情，并体验到了强烈的轻松、愉悦……

　　以濒死体验研究著称的美国学者雷蒙德在他的《死后的世界生命不息》一书中详细记载了一些濒死体验者的案例，并总结了这类现象的一些共同特点。目前学界对濒死体验的看法存在严重分歧，因为人们无论是从脑科学、医学的生理学角度解释濒死体验现象，还是把这种现象看作是人死之后有另外一个世界的证据，似乎都难以说服对方；同时，这两种分歧也存在各自难以说清楚的地方①。但无论如何，这些研究都说明了一个问题：死亡仍然是一件比较费解的事情，至今人类对它所知不多。

当然，说人类对死亡所知不多，只是从现代学术研究层面来看待这个问题，如果从宗教信仰方面来看，死亡可能并不是那么神秘，因为几乎所有的宗教教义都已给出了关于死亡的"确凿答案"。近年来，学者索甲仁波切出版《西藏生死书》，在书中介绍了藏传佛教对人死亡过程的详细描述，并且，还对死亡阶段中每一步应当如何应对都有一些介绍。另外，作者还告诉了人们应当如何修习相应的解脱之法，从而死后获得"解脱"并"顺利往生"。《西藏生死书》中描述人的死亡过程，其实是藏传佛教对于人的生命最后阶段的一种认识。除了佛教，世界上各大宗教都对人的死亡过程有过不少描述。在中国的民间信仰中，亦有诸如人死后要"喝孟婆汤、过奈何桥""会有阴间鬼使前来索魂，死后要见阎罗王"等死亡信念。在西方哲学家柏拉图的《理想国》中，他也描述了人死之后不同德行的人所归何处，甚至对去处和过程都有详细描写。

人类历史上对死亡过程的了解，很长时间依赖于宗教教义的解释。可是，由于不同的宗教对死亡的认知不同，因此，人们对于死亡及其过程其实并没有一致的看法；至于人死之后的世界到底怎样，人们的看法就更不相同了。在现代社会中，对于没有宗教信仰的人来说，人们已经很难接受特定宗教关于人类死亡及其过程的描述了，人们更多信赖的死

---

① 直到20世纪70年代，科学才开始切近地考察濒死体验现象，科学家不仅研究了心脏骤停现象幸存者的濒死体验现象，同时还考察了其他没有医学干预就会死亡的病人的濒死体验现象。幸存者讲述了他们在濒死体验中经历的平和感、坠入黑暗隧道、看到强光，拜访逝去的亲人，甚至到过一些未知的地方。尽管有许多理论解释濒死体验现象，比如生理状态导致的脑组织缺氧、荷尔蒙和神经传递素释放物以及药物所导致的幻觉。但是，到目前为止，还没有研究理论给出濒死体验机制最后的决定性证明。实际上通过电流刺激大脑的特定区域，也可以引起人离开躯体的感觉。濒死体验研究经常遇到的批评是：研究者依赖当事人的回忆，而绝大部分对当事人的采访是"事情"发生后，有的还是多年以后，回忆存在不准确的情况。此外，回顾性研究还存在其他严重的科学问题，许多同意参与的人都是自告奋勇的，他们可能代表不了这些不愿意出来讨论的人的情况，以及那些濒死体验是不愉快的人。同时，绝大多数访谈是在事后进行的，回忆性研究就不可能获得当事人身体和大脑在他们经历濒死体验期间的可靠数据［Paul Daugherty. 死亡：没有它我们不能生活［J］. 死亡研究（Death Studies），2018.42：6，400–403.］。

亡描述是来自现代医学的解释。

通常，医学上判断人死亡与否有两种方式：一种是看呼吸是否停止，这是传统意义上的人类死亡的心肺判断标准，在这种标准下，人如果长时间停止呼吸、没有心跳，就意味着已经死亡；另一种新兴的标准是脑死亡标准，即从人脑功能是否不可逆转的损坏来看，这是当今世界新认可的一种死亡判断方式，它是1968年美国哈佛医学院提出的，希望通过人脑功能不可逆转的损坏来更精确地描述死亡。

长期以来，由于人们一直是以有无呼吸和心跳来判断人是否活着的，如果人有呼吸、心跳，那么，就表明人有生命迹象。可是，随着现代医学科学的发展，精确性要求越来越高，认知功能越来越重要，脑功能丧失逐渐被看成了人死亡的主要特征。但是，无论从哪一种标准来看，人的死亡都有一个过程。从生理学上看，人的生理器官、细胞功能等不可逆转的损毁、最终停止运行，这被认为是死亡发生过程的主要指标。虽然死亡过程人们可以隐约地感觉到，但是，在更多的情况下，死亡是由医学和医生来确认和宣布的，因此，现代人的死亡过程实际上是现代医学科学话语下的产物。现代医学抛开了宗教神学的认知判断，直接观察人的生理现象，并以此作为依据来告诉人们关于死亡的进程，这种判断死亡的认知与上面提到的宗教神学关于人的死亡过程看法差异巨大。不过，从二者的对比可以看出，人们见证他人身体的死亡是可能的，比如，通过医学仪器观察人的各种生理现象是否停止，当然，在人的死亡过程中，人的心理现象甚至关于心灵状况到底如何，并不是一目了然的。正因为如此，死亡对于人们来说除了生理学上描述的情况之外，其他方面依然疑点重重。在当今之世，人类对死亡的认知仍然十分有限，各种死亡信念同时存在，我们不能简单地排斥医学之外的其他关于死亡的解释。更确切地说，人类的死亡过程并不是一个简单的生理过程，它更多的、更深层的是事关每个人在人类文化整体中的死亡信念选择和终极关怀安顿的问题，这个过程是人类自由选择和不断创造的文化产物。

人类死亡是个文化问题，是个事关人类文明的大问题。人在面临死亡时，最艰难的事情可能不是想象肉身的死亡，而是事关人的精神世界"如何安放"的问题。人接纳死亡，本身需要一些强大的"理由"，这些"理由"直接影响人们是否接受死亡现实。在此过程中，人们需要一再确认死亡信念的真切和力量，并体验和确认个人的死亡信念是否足以帮助人度过人生最后的阶段，化解死亡即将到来的各种恐惧、担忧、不安，最后到达不受死亡困扰的境地。因此，宗教、哲学、文学、艺术，甚至民俗传说等，描述的关于死亡的种种纷繁复杂的意象、意义、意境并不是没有意义的，它实际上可以让不同的人群在不同的文化背景和思想语境下设想死亡过程，从而安抚人心，面对人生最后一程。简言之，人的死亡过程是一个高度人文化的过程，如何设想自己的死亡过程、如何安顿他人的死亡，人们最有可能做的事情就是把对死亡的设想变成信以为真的东西，并用它来帮助人度过人生最后的阶段。因此，面对他人的死亡信念，人们最不需要做的事情或许就是不改变他人对于死亡的设想，否则只会加剧他人对死亡的恐惧。而如何面对死亡，如何安抚人心，如何安顿生死，从而让人们坦然面对死亡，这是人文精神的极致表现。

人难免一死，但现代人的死亡由于医学的干预变得更加复杂了，死亡已经被人为干涉，人的死亡变得十分艰难，死亡过程和临终期越来越长，死亡竟成了当今人类难以跨越的世纪难题。死亡似乎不再是神秘的幕后操纵者，人的临终问题走向前台。善终成了当今人类死亡时保持起码尊严的最后和最迫切的愿望。现代临终关怀创始人、"临终关怀之母"西塞莉·桑德斯博士说：

> 你是重要的，因为你是你，你一直活到最后一刻，仍然是那么重要，我们会尽一切努力，帮助你安详逝去，但也尽一切努力，令你活到最后一刻。

这是桑德斯博士的临终关怀理念，面对即将死去的人，即临终者，作为医护人员、家属，甚至普通朋友，对临终者的尊重和关爱始终是人们面临死亡时最重要的事情——死亡或许不可怕，可怕的是人们孤独无依地死去。医生努力帮助陷入生命险境的人，让他们活着，不放弃救助和治疗，这是医者的仁爱精神、职业道德；但是，如果在医治无效、救治无望的前提下，医生尽量让临终者有尊严地、少痛苦地、不留遗憾地离去，这是一种高度的人道主义精神，是敬畏生命的伦理要求。当代死亡教育一直提倡一个理念——当病人救治无望的时候，应该让他自愿地、自然地、有尊严地、少痛苦地结束生命。然而，当今社会，一些医生、病人和患者家属，试图通过现代医疗技术拼命延长病人生命，可是，最终却使得这些病人死亡过程异常痛苦。正是针对这种现象，人们提出了有尊严地死亡的理念。一些病人，比如植物人，或者被疾病折磨得生不如死的病人，病人或病人家属主动要求医生不要救治，甚至让医生帮助他们结束生命，或者放任病人自行结束生命，这些情况的出现是与传统医学伦理的要求相背离的。长期以来，治病救人被认为是医生的天职，但是，现在却出现了医生任由病人失去生命而不加干预或者有的医生还遵照病人决定，帮助病人提前结束生命的现象。

20世纪中后期，尽管出现过美国医生杰克·凯沃尔基安因为协助痛不欲生的病人自杀惹上了官司事件[①]，另一位美国人因为决定撤下食管让亲人离世被送上了法庭。但是，仍然不断有病人和家属提出这样的要求，甚至请求医生帮助他们结束生命，人们并没有因为法律风险而停止提出类似要求。现今，安乐死、协助自杀等极具争议的做法在一些国家竟然慢慢地被人们接受，尤其在极端情况下，接受病人的死亡要求，或者帮

---

① 倡导"死亡权利"并协助上百名患者自杀、人称"死亡医生"的美国病理学家杰克·凯沃尔基安，1990年6月施行了其第一例自杀援助，他通过自制的"自杀机器"，将致命毒剂注入一名54岁阿尔茨海默病女患者的静脉中。之后多年，凯沃尔基安仍倡导"死亡权利"，并协助约130名患者自杀，从而引发广泛争议。凯沃尔基安曾4次被美国司法部门指控谋杀，其中3次被无罪释放，1次指控被判无效。为掀起针对"安乐死"的讨论，1998年凯沃尔基安将自己协助1名患者自杀的全过程录像送给哥伦比亚广播公司电视节目《60分钟》播放，随即遭到指控。1999年他被裁定为二级谋杀罪名成立，被判10年监禁。服刑8年后，凯沃尔基安因表现良好获得减刑，于2007年6月假释出狱，根据假释条件，凯沃尔基安出狱后不得继续辅助他人自杀，不得照料62岁以上老人，也不得照料残疾人。

助病人提早结束生命，反倒成了一些医生和民众希望看到的事情了，这种趋势显然与医生治病救人的职业伦理要求大不相同，也与人们惯常地希望存活下去的想法有很大区别。因此，死亡学家、生死学家针对这种情况，提出有尊严的死亡、自然死亡、死亡权利等概念。如此一来，临终期人的意愿成为了至关重要的因素，人可以自行选择到底是继续治疗，还是停止救治、接受死亡。

当然，在当今社会，普通民众或者绝大多数病患可能还是希望自己如果面临死亡，医院、医生不顾一切地抢救自己，在绝境之中能够存活下去仍然是许多人的梦想。正是因为这样，所以人们临终前，或者得了致命疾病时，不顾一切地抢救仍是唯一的愿望，即便抢救毫无希望，也仍然要不惜一切代价去尝试。这些看起来略显悲壮、人情味十足的事情，有时却不一定对临终者有意义，因为有些抢救非但没有把人从"鬼门关"抢回来，反而让病患经历了更多的痛苦；而且，病患经过无数次治疗性"折磨"后，仍然痛苦地死去，大概这种情况是谁也不愿意经历的，因为如果死亡无法改变，那么，为什么一定要"逆天改命"，历尽苦难而死呢？正是因为这个原因，当今社会不少有识之士呼吁人们要正视死亡，重新认识死亡，学会接纳死亡，接受死亡的教导，从而在临终期勇敢地承担起必死的命运。当然，这个呼吁的前提还是比较清楚的，那就是在人们救治有望的时候坚决不放弃救治，而当人们救治无望的时候就要考虑适可而止了。当今，人们还不能高估安乐死或者提前结束死亡的价值，挽救人的生命仍然是医生努力的方向，生命是可贵的，哪怕危在旦夕，也要尽力抢救，而放弃无效的救治是情非得已的事情。现今暂时不提倡安乐死或者提前结束死亡，是因为当人们对生命的价值还未充分理解的时候，极力推荐死亡选择、死亡权利这种做法，如若遭遇居心不良者，就存在故意谋害生命的危险，甚至通过合法方式实现谋害生命的严重后果，相较而言，或许尊严死和自然死亡是一种优先的选择。

临终期延长，这是人类死亡迄今为止"遭遇"的最大变故。但是，尽管如此，人类并没有消除死亡命运；恰恰相反，刻意延长生命，阻止死亡的脚步不光没能改变人类死亡的命运，还给不少人带来了无尽的痛苦。当今人类没有因为医学的进步而解开死亡的神秘面纱，死亡依然昂首挺胸、不可阻挡地走向所有人。时至今日，人类对死亡还需要进一步研究，研究人为什么害怕死亡，以及如何克服死亡恐惧、安顿生死等问题。"现代生死教育"明确提出，要对所有人进行一般性的死亡通识教育，教会人们一些基本的死亡相关知识，确立一些基本的死亡信念，尤其是帮助人们学会接纳死亡。这在不少发达国家和地区，已经成为不同阶段的国民教育的基本内容，而一般性的生死教育在中国香港地区、台湾地区也已经开始。总之，认识死亡，学习与死亡相关的知识，坦然面对死亡问题，是现代人必修的人生功课。

第一章

与死亡照面

一、死亡意识觉醒

在我们的生活中，死亡每天都在发生，关于死亡的报道数不胜数。然而，人们想当然地认为那只是新闻里的事情，或者仅仅是他人的事情，死亡似乎与自己无关。

但是，如果有一天，我们发现身边亲近的人死去，或者自己也面临死亡威胁时，情形就不一样了。此时，死亡意识开始觉醒，而人类真正走向文明、开启智慧也正是从有此意识开始的。通常，人类死亡意识的觉醒，是建立在他人、他物的死亡或消逝上的，因为人没有办法旁观自己的死亡，却可以见证他者的死亡。

（一）他者之死

1986年版的电视剧《西游记》中有个片断，美猴王自从得到群猴认可之后，整日带领群猴在水帘洞中自由玩乐，饮酒吃喝，好不快活。忽然有一日，一只老猴子在饮宴玩乐时，突然倒地而亡，老猴子明明刚才还在快活地吃、喝、玩、乐，现在却突然死了，顿时，场面变得严肃和伤感起来。而美猴王也被震惊了。

这个场景，小说原著有类似印证：美猴王与群猴在水帘洞中欢宴，"忽然忧恼，堕下泪来"，只因猴王突然想到"今日虽不归人王法律，不惧禽兽威服，将来年老血衰，暗中有阎王老子管着，一旦身亡，可不枉生世界之中，不得久注天人之内？"美猴王面对死亡，感到大事不妙，他似乎突然明白了死亡意味着什么：从老猴子的死亡，他联想到了自己，即便当前风光无限，逍遥自在，甚至无法无天，但是终有一天，他也会如此这般地死去……再后来，才有了美猴王拜师学艺，希望修习长生不老之术的故事。

　　《西游记》中这个场景令人印象深刻，同时又颇为形象地揭示了一个道理：生命之初，人类未受死亡冲击和启发时，可能根本不知道死亡意味着什么。人类发现死亡通常有个过程，这个过程就是从亲近的人或者身边的人和物的死亡事件开始的，或许只有亲历他人的死亡、见证他物死亡的过程，人才会萌生死亡意识。

　　人在年龄小的时候，亲眼目睹过死亡相关的事情，或者经历过亲人去世。那么，这些经历，会让人早早地体会他人之死带来的冲击。虽然孩童当时不见得对死亡有多么深入的认识，但是这些经历却会构成日后关于死亡最初和最持久的记忆，这些记忆会不断发酵，直到死亡意识的觉醒。

　　据我的朋友弘毅回忆，他曾祖母的去世是他最早关于死亡的记忆，那时他还不到七岁。不过，老人的葬礼给他留下了深刻印象。这些最初的记忆成为他对死亡的初步印象，而这些印象又构成了对他人死亡强烈的心灵印迹，至今让他难以忘怀。弘毅的老家是湖南的一个小村落，那里还保留了中国传统社会的一些丧葬风俗，丧礼的仪式比较复杂，持续的时间也很长。村里有专门为他人料理丧事的人，乡民们把他们叫作"儒教"，一旦谁家里有人去世了，就需要请"儒教"。这些专业人士在接到邀请后，就来到逝者家里，并按照当地的习俗把丧葬事宜安排妥当。这种习俗至今未曾大变，原来传统社会遗留下来民风民俗及习惯，比如——孝子、孝服、灵堂、土葬等，比如，请做丧事的人帮忙仍然叫"请儒教"都未完全改变，唯一有变的是人们加入了一些现代社会的东西，比如西式仪仗队和流行音乐等。同时，丧礼的节奏加快了，持续的时间没有过去那么长了。

　　传统上，"儒教"是国人非常熟悉的，儒家倡导的"仁义礼智、孝悌忠信"等更是衡量一个人品性的标准。在这样的环境之下，人死之后是有"安顿"的，死亡之后怎样操办葬礼也是清楚的，人们按照习惯把死亡之人的丧事托付给从事"儒教"的专业人士来操办。相传，儒家创始人孔子就曾经给人操办过殡葬事宜①，原始儒家和儒生，可谓是殡葬业者的祖师爷。时隔数千年，谁曾想到，虽然历经沧桑，儒家传统在湖南这个村落仍然留有痕迹。据弘毅回忆，参加曾祖母的葬礼之前，他从来不知道人死到底是怎么一回事，更没有想过人会死这回事。当地民众相信，人去世后不会马上离开，所以在丧事的操办过程中有许多禁忌。比如，人们认为丧葬过程中有个特殊时段，那是逝者最后的"回魂"和"环顾人"世的时刻，届时，地府众阴司会来迎接逝者。在此过程中，如果有小孩出来，即可能造成小孩子无辜死亡，所以，大人会特别叮嘱或看住小孩，要他们回避。这大概是人们深信不疑的事情，这样一来，孩童对死亡就有了一些基本的印象——人死了挺可怕的！

中国古语说"人死如猛虎，虎死如绵羊"，大抵是说老虎再凶猛，死了以后也就不可怕了；而人则不同，人生前或许不如猛虎厉害，但是人死了以后却反而变得可怕了。这种观念背后的意思是：生而为人，死则为鬼、为神，人死之后具有了人活着的时候所没有的超能力，而且这种超能力还可能失控或滥用，所以人死之后会变得更加可怕。

在人们最初的记忆里，人死了可能是件非常可怕的事情，然而这种印象并不是自己得出的，而是从他人口中和死亡禁忌中获得的。中国传统的丧葬过程，除了人们的哭声之外，丧礼过程还是比较轻松的，甚至有些喜乐，确实如同人们所说的"白喜事"一般平和、喜庆，并没有什么可怕的。但死人是可怕的，这个想法是从大人口中和他们的神情、禁忌中传递出来的。对还没有产生死亡意识的儿童来说，天性使然，生命中是没有死亡的。儿童不容易发现死亡有什么可怕之处。在儿童的印象中，死亡就如同睡眠一样，人死了，或许只是睡着了，或者像大人们说的出了远门了，并没有什么可怕的，有的儿童甚至还相信，他们还能在日后再次见到逝去的人。研究表明，人的死亡意识产生有一个过程，儿

---

① 中国台湾地区国学研究者傅佩荣指出："孔子的早期固定职业，就是替人办丧事。"他还指出，孔子50岁前，一直是吹"西索米"（一种乐器）的殡葬业者。中国人历来重视死的观念与丧葬礼仪，广泛的社会需求促成了一个特殊的社会阶层——"儒"。最晚到殷代就有了专门负责办理丧葬事务的神职人员，这些人员大约就是早期的"儒"，《说文解字》称之为"术士"。

童关于死亡的认知与成年人不同，儿童虽然可以形成有关死亡的图像，但是，他们关于死亡的看法更多的是一件不那么愉快的事情，或者是暂时的事情，关于死亡的真正含义却要等待死亡概念清晰以后才能明白。但是，这并不表明死亡对于孩子来说没有印记，因为人早年留下的记忆会比较深刻，而关于死亡的印象也会一直存留，直到死亡的意识清晰起来。

传统社会，人们对待死亡郑重其事，真可谓"事死如事生，事亡如事存"。人们关于"白喜事"的说法也更是意味深长，即人死不可怕，人到天年本该离去，这是人一生最后的事业，应该是值得庆贺的事情。人们聚集在一起，为逝者举行隆重的仪式，它不是为了别的目的，而是为了庆贺先人功德圆满，先行离去，放下操劳，结束人世间的事务。因此，对于活着的人来说，丧事中虽有哀伤、悲戚，但更多的还有喜庆、祥和之气，这种场景，如果用哲学家唐君毅先生所说的"哀乐相生"[1]来形容人的人生之旅最后一程，恐怕再合适不过了。充满人情味和传统特色的丧礼令人难以忘怀，这样的丧礼也更加令人心安，更加让人怀念，更具人文情怀。先秦儒家荀子对丧礼的看法令人深思，他说：

> 礼者，谨于治生死者也。生，人之始也；死，人之终也。终始俱善，人道毕矣。故君子敬始而慎终，终始如一，是君子之道，礼义之文也。夫厚其生而薄其死，是敬其有知而慢其无知也，是奸人之道而倍叛之心也。君子以倍叛之心接臧谷，犹且羞之，而况以事其所隆亲乎！故死之为道也，一而不可得再复也，臣之所以致重其君，子之所以致重其亲，于是尽矣。故事生不忠厚，不敬文，谓之野；送死不忠厚，不敬文，谓之瘠[2]。

---

[1]　唐君毅在《人生之体验续编》中说："此哀乐相生之处之含义，是人必须知道人生的行程中之病痛与艰难。这些病痛与艰难，不是外在的，而在我之存在之自身。依此便知人生在世莫有可恃恃，莫有可骄矜。当我们真肯定一切病痛与艰难之必然存在时，则人之心灵即把一切病痛与艰难放平了，而一切亦都在我们之前放平了。放平了的心灵，应当能悲悯他人，亦悲悯他自己。而在人能互相悲悯而相援以手时，或互相赞叹他人之克服艰难的努力，庆贺他人之病痛的逐渐免除时，天门开了，天国现前了。此中处处，都有一人心深处之内在的愉悦——是谓哀乐相生"。

[2]　自《荀子·礼论》。

人儿时的记忆，对于死亡，或者他人的死亡，也许不会留下更多印象，直到生命中重要的长辈离世，才开始对死亡有了更直观的认识：原来死亡会带走一切，包括自己至亲至情的人。人都无法逃避死亡的命运，人们与亲人之间的永别，在死亡到来的那一瞬间，就注定无法改变了。

弘毅很小的时候就跟随外祖父母一起生活，虽然他跟老人家们一起生活，但是父母亲也还在身边，只是他们忙于生计，照顾弘毅的事情就主要由两位老人来操持了。在两位老人的呵护下，弘毅的童年生活无忧无虑，丰富多彩。那时候，他从来没有想过，如果有一天没有了外祖父母，这个世界会是什么样子！在弘毅的信念中，他从来不相信他们会离自己而去，或者说，长久以来，他并不知道这世上有死亡这个东西，当然，更不明白死亡意味着什么。这种想法对人们来说，尤其对儿童是很常见的，因为人们死亡意识的觉醒正是从身边至亲的人去世开始的，身边的亲人去世正是人们见证他人死亡最常见的场景。一天，弘毅突然被老师叫出了教室，然后匆匆忙忙地被带往外祖父家。来接他的人一路上神情严肃，没有说太多话，他只是告诉弘毅，"外祖父不行了"，至于"不行了"是什么意思并没有说，弘毅更没有把它与死亡联系起来。这种隐晦的死亡告知方式就是典型的死亡禁忌。

死亡禁忌自人类社会产生以来就出现了，人们忌讳死亡最明显的做法就是用各种隐晦或类比词语来表达死亡，比如"不行了""走了""去世了""圆寂了"等等，直接说人"死了"或"死亡"似乎是大不敬，抑或令人感到恐惧。人们忌讳死亡，其内在原因恐怕是害怕死亡，不愿意直面死亡。

当弘毅他们到达外祖父家时，所有亲人都已经到了，大家聚集在外祖父床前，哭声一片，他看到了父母亲，还有外祖母，大家神色悲戚。此时，气氛有点不对劲，外祖父与往日不同，他一动不动地躺在那里，全然没了平日的威严和生气，直觉告诉弘毅，原来"不行了"是这个意思——外祖父死了。接下来，葬礼进行，此时，弘毅再也没有了儿时曾祖母去世时还略微感到的那么一点点兴奋，他心中的悲伤抑制不住地化为泪水，流淌了出来。外祖父葬礼上到底发生了什么，现在他已经忘得差不多了，但是有一件事情却令他终生难忘。当亲人们都到外祖父床前行过礼，一一告别之后，老人的身体经过处理，被放进了事先准备好的棺木中。一开始棺木没有合上，人们还能看到老人的样貌，虽然全然没有了往日的生气，但至少还能看到他熟悉的样子。突然有人宣布，马上要合上棺木了，让人们赶紧去看最后一眼。大家都靠了过去，只见母亲和其他亲人都在棺木旁边放声大哭。此时，棺木已经开始慢慢地合上，当看到外祖父的遗容完全掩盖在漆红色的棺盖中时，围着的人们感觉到了一股撕心裂肺的疼痛，不少人忍不住嚎啕大哭起来……这种感觉就是人们常说的生离死别。但是非常奇怪的是，明明知道人已经去世了，家人也为此大为悲痛，但是，在老人家样貌还没有离开人们的视线，即还能看到老人样子时，弘毅心中似乎还抱有一丝隐隐的希望——或许外祖父只是太累睡着了，或许他还没有死，说不定他会重新站起来呢……总之，弘毅心中还有希望，他希望外祖父能重新活过来，但是，当外祖父被装进棺木，钉上了棺盖，整个人都不见了时，他发现事情完全不一样了，这似乎击碎了他所有的侥幸心理。至此，宣告了生离死别终成定局，从此，这个世上那个疼爱自己的至亲真的不在了，他死了……

人的真正死亡是从所有认识你、记得你的人消失开始的。人类是一个充满柔情又喜欢幻想的族类。当人们期盼死而复生，甚至相信长生不死时，喜欢把实物当成留存的证据和念想。远古时期的人许多有保留遗体的习惯，比如埃及法老的木乃伊，人们似乎觉得如果保存了生命的遗迹，逝者往后要是能重获新生的话，就可以按图索骥，找到回家的路，回到原来的自己。可是，一旦生命的遗迹没有了，那似乎就意味一切灰飞烟灭，不可逆转。这种想法从理性的角度看，本身似乎并无意义。但是，人总是更容易依据经验之物去追思逝者，如果其遗物、遗迹存在，或许人们会感到逝者离自己并不遥远，这至少可以让活着的人心灵稍稍宽慰。当然，人也可以把一些逝去的人和事放到记忆中保留下来，直至生命的终点，人们会不断地回忆逝者，并不是希冀他们肉体生命可以死而复生，而是通过回忆把另一个生命在记忆中留存下来，并不断地传颂，从而变成他个人的传记甚至传奇的人格形象；同时，通过记忆，人的生命不再是孤零零的，而是与那些心灵中的人物紧紧地联系在一起，于是，逝者成了人们生活世界和存在的一部分。如若有一天，当活着的人离开人世，假如后世有人能够想起他们，把他们放进自己的心灵和记忆当中，他们也自然成为后世之人世界的一部分，甚至成为后世传颂故事中的主角或传奇人物，这会是令人十分欣慰的事情，甚至是值得人们为之努力奋斗的事情。

中国古人将"立德、立功、立言"①称为人生的"三不朽"，人们可以通过自己在世时从事的各种事业，留下相应的痕迹，从而在后世子孙中留下芳名。人无论是血缘的传承，还是文化的延续，都可以在其中找到被人记诵和传承的方式。因此，小到个人事迹、家谱记载、宗族历史，大至国家天下的传承，无一不可通过口耳传诵的方式来延续人类的人格和生命。亲近的人离世，总是令人难以释怀的，生命中重要的人去世更是人生的重大变故，即便离开以后多年，活着的人或许还是会不断地回想起与逝者共同经历过的点点滴滴。逝者的音容笑貌、言行举止、相处的每一刻，每每想起，宛若昨天……如果说历史记录了伟人，那么家庭和亲人，可以记诵平凡之人，记忆可以传承平凡人的慈祥和温暖。参加葬礼正是活着的人借此表达敬意，宣泄和抚慰悲伤，与逝者作最后联结，用记忆传承和传颂另一个生命的最好方式。

现代中国社会流动性越来越大，社会分工越来越细，中国传统社会从事殡葬业的人开始就职于专门的殡葬公司，他们成了新形势下特殊行业的专业人士。不过，在中国的现代都市中，殡葬业者负责的事情非常有限，或者更准确地说，他们主要负责料理遗体。通常，人死之后，遗体告别、火化等很快进入了工业化的流程，匆匆而就的告别仪式和葬礼，人们根本来不及宣泄丧亲之痛，人从生到死被截然两分，前一秒还是不

---

① 春秋左传集解.上海：上海人民出版社，1977：1011.

忍离别的至亲，下一秒就变成令人畏惧的、等着拉走处理的尸体；一开始还是熟悉的亲人遗体，接下来立刻送入火化炉，化为灰烬，一切是那么匆忙，那么高效率。孔子说："生，事之以礼；死，葬之以礼，祭之以礼"。人不光在生前需要以礼相待，死后亦需要以礼待之。中国古人认为对待死亡需要像对待生命一样郑重其事，丧祭之礼，正是人们对死亡郑重其事的体现。因而葬礼在中国传统社会意义是很丰富的，葬礼不光是对逝者的尊重，更是对在世者的抚慰，好的葬礼可以传达许多积极的信号，对于参加葬礼的人来说，这更像是一场难得的生死教育课。但是，当今一些人却常常对此草草了事，而忽视了它的重要意义。

据弘毅说，他外祖父的去世，虽然令他悲伤难过，但是这远远不如他外祖母的离去让他难以接受。因为他无法见证外祖母的离世，甚至他一度不知道外祖母已然离世的事实。事情过去了好几个月，他才无意中得知老人离世的消息。他既没有机会向老人告别，甚至完全不知道她已经离世，当然也没有机会参加她的葬礼。这种天人永隔的突然降临，让他猝不及防，遗憾终生。

时至今日，在弘毅心中仍然留有那么一个位置，那个位置就是外祖母家附近的小车站，老人家生前常在那里等他回去，弘毅一直希望在那里遇到她，他始终觉得外祖母去世的消息不真实。

外祖母和外祖父一样，是弘毅生命中非常重要的亲人。七岁以前，弘毅一直生活在他们身边，他在他们那里度过了愉快的童年时代，他也与两位老人建立了深厚的感情。由于他七岁以后就不再与老人生活在一起了，所以他每次回去都成了祖孙两代人共同的节日，每次回去，外祖母会一直在家附近的小车站旁等他。老人很执着，她会一直站在那里，每辆车只要一停下来，她就上前去看，确认弘毅是否在里面，直到车上的人都下来，车开走了……如果没有看到自己的外孙，她就站回到马路一旁，接着等下一辆车……后来，弘毅到外地上学，回家的机会更少了，但是，他怎么也没想到，那一次回家见的却是外祖母的最后一面。外祖母离世时，弘毅正在外地上学，他是从父亲口中得知这个消息的。

父亲说:"你外祖母去世……已经有一段时间了,我们考虑到你在外地上学,路程太远,所以没有告诉你……"弘毅已经不记得当时他是怎么听完父亲那个电话的了,只记得接完电话后,他一个人躲起来,悄悄地哭了许久……对于父母没有告诉弘毅外祖母去世的事情,他一直很不理解,父母的"苦心"没有博得他丝毫同情或理解,也没有换来感激;相反,他心里充满了遗憾和怨恨。事情发生后,他是多么渴望能见至亲的人最后一面,哪怕是最后一眼也好,可是他没有这个机会。他觉得很愧疚,他一直难以原谅自己:他至亲的人离世,他却是最后一个知道的,他竟然什么也没有做、什么也做不了……再后来,他无比煎熬地等到了放假,当他回到老家,便马不停蹄地赶去外祖母家。

弘毅在那熟悉的小车站下了车,但是,此时却不见了往日等候在那儿的熟悉身影……他再也忍不住内心的悲痛,泪水止不住地流了下来……弘毅知道,从今往后,再也没有人会守候在那里,无论风雨,原来一直站在那里等着他回来的人已经不在了……当他走进外祖母家那空荡荡的堂屋,屋里已没有老人熟悉的身影,他止不住地放声大哭。他知道,从今往后,这个屋子将会变得陌生。他有一种强烈的感觉,从今往后,原来那个有人无条件疼爱的孩子被孤零零地剩下了,在这个世上,再也没有了那个无微不至地呵护他的人……

亲人突然离开,当事人被家人"好心"地排除在了告别仪式和葬礼之外,这件事情对人的伤害是难以估量的,它会让人感到难以释怀,感到害怕,感到愧疚,让人内心深处觉得做错了什么事情,以至于才会落得与亲人天人永隔。对于生命中非常重要的人,没能送上最后一程是无比遗憾的。一段没有告别仪式的亲情,面对失去,留下的人会感到十分害怕,亲人突然之间的消失会给活着的人带来巨大的创伤,甚至永远无法弥补的遗憾。然而,有些人对此总有些不以为意,甚至认为这个根本不重要。在他们看来,人总是要死的,死了就死了,什么也没有了,谁来送别无所谓,而对亲人的依恋与惜别之情诚然可贵,但也不足为道,活着的人生活还是要继续的,与其悲悲戚戚,不知所措,还不如心安理得地利用这些时间来做点其他的事情。其实，这样的想法和做法实在太残忍了，人没有资格选择不悲伤，当人确实难过和痛苦时，那就是他的存在处境，不需要功利地计算和衡量得失，而是要尊重自己的悲伤！人世间有许多事情不能简单地用功利的方式来计算，在人的一生中事关生死存亡的事情或许不会太多，但这样的事情、这样的时刻，每一个都无比重要，无需计较得失。对人与人之间的至亲至情的珍重与爱惜，对至爱的人的想念与道别在任何时候都不是多余的闲事，也不是浪费时间、不值一提的小事！彰显人性的美好、成就人的真性情，这本身就值得人全力付出、不计回报，因为它关乎人的存在和价值本身。

不让小孩参加葬礼，或者由于各种原因而不能送别亲人最后一程，其实是错失了一个人成长的机会，像弘毅这样因为不能参加重要亲人的葬礼，事后后悔不已，无比遗憾，他的愧疚告诉我们，与亲人告别，亲自前往送别重要亲人最后一程是非常重要的。死亡的事实和送别的过程虽然令人悲伤，但是亲自送一程却可以让人心得到宽慰，更重要的是，潜藏在人心中的悲伤可以得到抚慰，而不至于因悲伤之故留下心病，难以疗愈。显然，外祖母的离世对弘毅来说造成了难以弥补的遗憾和悔恨，至今弘毅仍然认为，如果当初有机会与老人告别，或者在她临终的时候亲自陪伴她一阵，最后送上一程，这对弘毅、对外祖母都是一件功德圆满的事情——对弘毅来说，这是一个报答教养之恩的机会，也是日后可以不再为此心怀愧疚的救赎之道；对外祖母来说，她最疼爱的外孙给她送终亦是她的心愿，也是老人家在世时对他的期望之一。古语有云："树欲静而风不止，子欲养而亲不待"，当人生有些事情无法改变时，人又能如何呢？这种遗憾可能是永远都无法弥补的。现代生死学和心理学中，对丧亲者的悲伤和遗憾等创伤性情绪的处理是一个重要的研究课题。然而，如果人们对他人的死亡以及葬礼的意义有较好的理解，很多问题就可能不会发生了。外祖父、外祖母的去世比起儿时曾祖母的离世，对弘毅的印象和影响更为深刻，他对天人永隔、生离死别有了更深切的体验。此时，死亡似乎是一件令人讨厌的事情，因为它毫不留情地剥夺了人们认为最为珍贵的亲情，比如至亲至情，比如与最重要的人之间的联系。但是无论如何，这种情况下悲伤与痛苦是死亡发生后最主要的事情，无力与无奈占据了人心灵的大部分空间，也就是说，一个人一生中遭遇死亡，首先是从他人开始的，而身边最重要的他人死亡对于当事人来说令人印象深刻，这种印象主要是感受到了来自丧亲后的悲伤和痛苦。但是，这样看到的死亡还停留在它夺走某种东西的层面上，人们并不一定由此看到死亡的其他方面，比如想到自己的死亡、对死亡感到害怕等。

对于至亲的死亡，有时候人们并不会感到害怕，或者说，此时死亡本身还没有显现，人们并不觉得死亡有什么可害怕的，这时候人并没有产生明确的死亡意识，人们并没有由至亲之人的死联想到自己的死，更没有因为自己可能会死亡而感到深深的恐惧。许多人虽然有过亲人离世的遭遇，经历过亲人的死亡，但是人们的死亡意识却没有明确产生。也就是说，人们虽然可能经历过许多死亡事件，但是死亡到底意味着什么却不见得理解得很清楚；更奇怪的是，人们会理所当然地认为死亡只是他人的事情，似乎与自己无关。

通常，人们想当然地认为死亡只是他人的事情，我们只是他人死亡的旁观者，而死亡似乎永远不会发生在自己头上，甚至人们连想一下都觉得有点不可思议，就像弗洛伊德说的那样："一个人对自己的死是超乎想象的，每当我们试图想象它的时候，都可以看到自己作为旁观者在场，因此，说到底，没有人相信自己真正会死。人是会死的，但那似乎与我无关——这是人心底的声音。"

虽然见证的死亡，不一定让人产生明确的死亡意识，但是却可能让人发现一个很现实的问题：原来人是会死的，我们最依赖、最亲近的人会死去。这对于儿童或少年来说是完全不可想象，因为在他们的世界里，亲人们会一直都在，并且会一直陪着他们，看着他们长大，然后完成人生的各种事情。当突然有一天，孩子长大后发现亲人们不在了，并且永远不会回来了，这种伤痛对于所有成长中的人来说都是一个沉重的打击。然而，由于伤痛在人们心里占据了太多空间，人们可能暂时还并没有察觉到，死亡不光会带走亲人的性命，会夺走人们非常在乎的东西，它还会把伤痛的人也一并带走，也就是说自己也会死亡。

明确地意识到自己也会死亡，这不是一件容易的事情，人的死亡意识会因为种种原因而被人为地遮蔽、阻挡，甚至拒绝，这也就是为什么许多成年人也不一定清楚死亡意味着什么的原因。通常，人要产生死亡意识，需要从他人、他物的死亡事件中获得一些启发或者冲击。最亲近的人离世可能会引发人们的死亡联想，但是，这与人的死亡意识产生还有一定距离。人们很可能会不自觉地把他人的死亡当成外在于自己的事件，或者说，人们虽然见证了他人的死亡，也经历了他人死亡带来的痛苦，然而自己却习惯性地认为死亡只是他人的死亡，死亡只是他人的事情。只有当人们从他人的死亡中明确而强烈地意识到自己也会死亡时，人的死亡意识才能真正产生。即他人之死对人们的死亡意识之产生是一个重要机缘。

（二）我的死亡

死亡与生命是相互依存的，尽管肉体的死亡会毁掉人，但是死亡的观念却能拯救人。对死亡的体认使我们能深刻感受到生命，使我们的人生观发生根本转变，并使我们从一种以分心、麻木、为琐事焦虑为特征的生活模式转移到更真诚的模式[①]。

见证他人的死亡是人们死亡意识觉醒的重要契机，而身边最亲近的人去世往往能让当事人深刻地感受到死亡事件带来的人生变故以及与之相伴随的悲伤与痛苦。直面死亡，是一开始直面他人的死亡，当人意识

---

① 〔美〕欧文·亚隆，黄峥，张怡玲，沈东郁译.存在主义心理治疗［M］.北京：商务印书馆，2015：44.

到自己也会死亡，并且一定会死亡时，死亡才开始显现出"切己"的一面，从此开始，人们真正与死亡"打上照面"。

弘毅的死亡意识觉醒过程比较典型，虽然他经历了外祖父母的离世，两位至亲的离去让他体会到死亡的残忍无情，但是，两位老人的离去并没有让弘毅对死亡感到害怕。在亲人离去的整个过程中，他扮演了一个局外人的角色，令他难以想象的是，原来这个会难过、会悲伤的自己也会经历死亡。这个局面直到他遭遇了一场"不合时宜"的病，才让他真正意识到，其实他自己离死亡的距离也很近。而只有当他近距离地观想死亡时，弘毅才发现了死亡的真正可怕之处。

人在童年的时候无忧无虑是常态，儿童的世界里常常只有瞬间的不快，很难有终日的阴云和愁苦，儿童心中的人物永远像动画片里的英雄一样打不死，也不会离去。任何的不愉快只要一个转身，一个替代物或转换另一个场景，刚刚发生的事情就会抛诸脑后，一切重新开始，欢乐又回来了。这种像电脑重启一样的生活，"一劳永逸"的死亡是很难想象的，也就是说，儿童和青少年并不清楚死亡概念，只有当人走向充满困惑、压力、不安的青春期，死亡问题才不再潜伏于心内，此时人们只要以任何一种方式触动这个敏感的"阀门"，对死亡的恐惧和焦虑就会喷薄而出，一发不可收拾。

据弘毅说，他真正的死亡恐惧出现，尤其是常常担忧自己会死，是从高中才开始的。进入高中之前，他的生活一直无忧无虑，就像大多数准备高考的学生一样，平淡无奇。但是，这个局面很快被打破了，当他发现当生活被应考和考试这些事情占满时，他感到无比困惑和焦虑，他有点不明白了，人活着难道仅仅是为了这个？更令他意想不到的是，他的健康状况一落千丈，莫名奇妙地生病了！而且病情无比奇特：头疼、高烧，反复发作……从那以后，他进医院和学校医务室便成了家常便饭。据弘毅回忆，高三的一天晚上，他头痛的毛病又开始犯了，他的体温迅速上升，当他艰难地从宿舍里爬起来，赶往校医院时，此时正是深夜，四下无人。当他艰难地走到校医院时，发现医生们都已经下班了，灯已熄灭，所以只能作罢，他强忍着疼痛往回走。不知不觉间，弘毅竟然走到了学校操场的跑道上，操场空无一人，由于他头疼得没办法，所以他只能暂时在跑道上躺下来，他的意识似乎开始有些不清晰了，操场满满的空荡感让他心里直发毛。突然他想到了一件事情，他可能就要死了！想到这，不知为何，他竟然无比伤感地流下了眼泪，他十分不甘，更多还有些悲凉，我们大概能想象弘毅当时心里的绝望和恐惧。当人命悬一线时，开始意识到原来人其实离死亡那么近，那么真实，那么恐怖，似乎伸手就可以触摸到它。

弘毅感到很害怕，他内心无比恐惧，他本能地不想死，非常渴望有机会活下去。后来他完全不记得是怎么度过那个夜晚的了，这或许就是人的自我保护机制吧。人们总是选择性地忘记那些痛苦的记忆，或者把它深埋在心底，放进潜意识里，不愿意再提起。但是从那以后，他就开始不断地问自己：如今活着，到底又是为了什么？他之前一直纠结的问题再次浮上心头，人活着有何意义？人努力地活下去又是为了什么？

有一点弘毅很清楚，他从那一夜的煎熬中得出一个道理：人活着绝对不是为了高考这样一个如此简单的目标。一个从死亡边缘逃脱的人，他比以前更加困惑了，他觉得以前过得太过狭隘，为了他人莫名其妙的期许而活着，为了某个目标而拼尽全力，他想："要是我死了，世界会怎样，这个世界没有我了会如何……"他很困惑。高三临考前的这一场"怪病"，让弘毅一下子清醒了不少，这是弘毅第一次与死亡正面交锋。但是，在这场交锋中，他觉得自己并不是勇者，因为他怕死；当然，也无所谓胜利，因为他被死亡吓住了。可是，他认为自己是有所收获的，那就是他看到了人生的"大限"所在，死亡的可怕之处。从此以后，他对死亡有了更直观的体验——害怕。害怕死亡，是他临界死亡以后才发生的事情，可以说死亡在此时取得了决定性的胜利，因为从那以后，弘毅终于产生了明确的死亡意识——他意识到自己总有一天会死，虽然他的死并不会像他的外祖父、外祖母的死一样。但是弘毅明白，如果死亡来临时，他将失去一切，死亡带来的明确恐惧和焦虑，让他感到害怕，这是一种身处被死亡剥落掉一切遮挡后赤身裸体地面对恐惧和虚无的境地。遭遇死亡，而没有真正死亡；见证了他人的死亡，还强烈地感受过死亡的威胁，这就是与死亡照面。

通常，见证过他人的死亡，并感受到死亡带来的威胁，而且相信死亡一直都存在，死亡意识就非常明确了。马尼留说："我们在出生时就开始死亡，终点从起点就已开始。"是的，当人意识到有生必有死，死亡是生命的一部分时，就开始真正摆脱了对死亡没有意识的状态。但是，许多人对于人必有一死这样一个事实，打心底里是排斥的、否定的、讨厌的，尽管人们经历了人生的千山万水，最终还是会跌落谷底，就像叔本华说的那样：个体生存的必然结局是死亡，人生如同怒海行舟，千方百计避开暗礁和漩涡，最终仍不可避免地要走向沉船海底的结局。

我的死亡，看起来与他人的死亡并没有什么区别，因为同样是人，死亡应该都是一样的。但是，事实上，这两者之间有天壤之别。我们平时可能看到过死亡事件，亲身经历过死亡变故的人不在少数，然而，人们不一定能从他人的死亡当中联想到自己的死亡，即便有的人可能想到自己的死亡，甚至也曾经为之感到害怕过，不过，不愿意承认自己的死亡，或者故意回避自己会死亡这件事情，仍然十分常见，这其中有人心存侥幸，从而无法清楚而坚定地认为我会死亡；还有人认为我的死亡，与他人的死亡，对于个人来说是完全不同的两件事，如果他人的死亡使我的生活世界出现了巨变或坍塌，或阴云密布，或惊涛骇浪，那么，我的死亡将是我的生活世界的彻底消失，不再有惊涛骇浪，也无所谓阴云密布，原来那个承载个体人生经历的舞台或将不再存在，从此以后也不会再上演任何剧目。

而相信自己的死亡是一件如此艰难的事情，是因为人类社会形成了各种"不死"的神话。换言之，人类通过文化形态、生活习惯、信仰体系等把人的死亡悬置和附着在各种意义之网上，这些关于生死的观念和实践活动构成了一道相对坚固的死亡缓冲防御机制。一般情况下，死亡缓冲机制能很好地抵御他人死亡的冲击以及对自我死亡的恐惧，并对死

亡做出有意义的解释。从恐惧管理理论来看①，人类对自己生活于其中的
文化世界观的信仰以及自我尊严的认同可以很好地保护人们免受死亡危
机的侵扰，人们只要对自己生活于其中的世界观充满信任，并且在努力
遵守社会要求的价值规范时得到了社会性的认可和尊重，那么，个体就
可以从中获得自尊和价值感，获得了自尊和价值感的人就会受到死亡缓
冲机制的有效保护，对于这些人来说，死亡是可以解释的，甚至是很有
意义的，因此，死亡对于他们来说不是个危机，而是正常现象。

　　然而，人类的死亡缓冲机制并不总是有效的，它也有可能被突破，
比如人们对原来的文化世界观产生了怀疑，或者因为个人做的事情得不
到社会的认同，在社会中感到孤立，尊严无法被满足、甚至被忽视，人
的内心就有可能出现动摇，从而打破原来有效的死亡缓冲机制。死亡缓
冲机制受到影响，最常见的情形就是年轻人在世界观的形成过程中出现
怀疑、挫败和调整的情况，就像我们在前面提到弘毅的情形一样，由于
高中时期疾病的原因，导致他出现严重的自我怀疑，甚至开始调整自己
的世界观。在这样的情况下，死亡对于他来说就成了一个问题。个人身
体原因以及死亡缓冲机制被突破，死亡恐惧和焦虑情绪就成了最直接的
感受。也就是说，人的死亡缓冲机制被突破以后，人会意识到自己的死
亡没有其他有效的保护外壳，与死亡狭路相逢的时候就真正到了，这就
是与死亡直接照面的开始。

　　与死亡照面并不是件令人开心的事情，恰恰相反，与死亡照面绝对是
一个人一生中最难以忘记、最恐惧和最痛苦的时刻。因为此时人会感觉到
没有防备、没有保护、没有遮挡地暴露在死亡面前，就像欧文·亚隆说的

---

　　① 1986年，美国堪萨斯大学（University of Kansas）的三位心理学家杰夫·格林伯格（Jeff
Greenberg）、谢尔顿·所罗门（Sheldon Solomon）和汤姆·匹茨辛斯基（Tom Pyszczynski）共同提
出了一个著名理论，即恐惧管理理论（terror management theory, TMT）。这一理论的基本观点是，
每个人都有对死亡的恐惧心理，并且为了缓解对死亡的恐惧，人们创立了文化世界观，这种文化
世界观可以使人们感觉象征性地超越死亡；而文化价值观则可以给人提供一种感觉，即每个人是
这个有意义的世界中有价值的一员。他们的理论提出之后，曾受到很大的质疑，但随着越来越多
的学者就人类的死亡心理展开研究，科学家们逐渐发现，这一理论具有普遍适用性。

那样："直面死亡有如直视骄阳"，死亡的危险和威胁令人颤抖和恐慌，就像正午的太阳会让直视它的眼睛受到灼伤一般。巨大的死亡恐惧喷薄而出，会让人一时不知所措，无处安身。害怕和恐惧是人与死亡照面的直接产物。直面死亡其实就是从直面死亡恐惧开始的，更简单地说，怕死是人们与死亡照面后最真实的感受，人们害怕自己会死去，害怕得完全不知所措。当然，一旦人们暂时地冷静下来，必定会想办法转移视线或者寻找其他方法来化解内心的恐惧情绪，毕竟，没有一个人可以长时间地处在对死亡的真实恐惧当中，就像没有人可以无限地靠近太阳一样。

二、人生最后的大考

威胁人们最大的不幸和最糟糕的事情就是死亡，无论在哪里都是这样；人最大的恐惧就是对死亡的恐惧。没有什么比别人正遭受生命危险更能激起我们最强烈的关注；也没有什么比被判以死刑更加可怕。

——叔本华

（一）回避死亡

叔本华说："死亡对于人类来说是最糟糕、最不幸的事情，死亡恐惧是人的生命中最强烈的恐惧，死亡恐惧甚至会伴随人的一生。"正是因为死亡十分可怕，人类的死亡恐惧自古以来就是司空见惯的事情，人们因为怕死创造了许多奇迹，比如金字塔和木乃伊；也形成了许多死亡禁忌，比如与死亡相关的各种别名。回避死亡、否认死亡是最廉价的心理防御机制，也往往是最常见的死亡防御心理。但是，这些苦心孤诣的死亡防线并不像人们想象的那么坚固，当真实的死亡威胁到来的时候，"决堤"只是一瞬间的事情。

方红，63岁，去世的时候儿孙满堂，她死于大年三十晚上。方红在旁人眼里是个非常和善的人，她标志性的笑容总能让与她交往的人感到温暖而安心。方红的生活似乎没有忧愁一样，她整日悠闲自在，尽管她两个儿子经常被方红的兄妹指斥为不思进取、没有出息，但她仍然很爱两个儿子。要是没有那场突发的疾病，人们会以为方红的一生都会很幸福，甚至没有遗憾。就在63岁那年，方红突然生了病，饮食难进，全身肿大，半身不遂。她生病以后，她的老伴和儿子都积极地带她看病，求医问药，丝毫不敢松懈。半年过去了，方红的病非但没有好转，反而更加重了，最后没有办法，她只能终日躺在床上，痛苦不堪。医生对方红的病也一筹莫展，不过，医生们比较一致的看法是：方红的日子恐怕不多了，因为她已经水米未进许久了，医院强行的生命维持已经让她十分虚弱。开始，方红还比较乐观，即便在医院，她跟其他人有说有笑，就像她平日里乐观开朗的"做派"一样。或许是因为并没有觉得身体的问题有多严重，更没有想过自己可能时日无多。家人更是不相信医生说的话，当然也不愿意在她面前提起医生的结论：时日无多了。接下来，医院换了一个又一个，病情却不见好转，身体状况越来越糟糕，她的情绪急转直下。开始，她还能与其他人积极沟通，后来，即便是平日里关系不错的人来看她，她也只是唉声叹气，或者痛哭流涕，因为她可能感觉到自己快不行了。但是，她还没有准备好接受这一切，她不愿意与任何人谈论死亡，也不相信自己可能快死了。由于没有起色，医院换着住也不是办法，最后他们决定回家。方红有个很强烈的直觉，她可能活不过63岁，她在年底前可能就要死了。但是，在她意识清醒的时候，她从来不愿意承认这一点，她一直跟她儿子说，她要替他们照顾孩子，她还要照顾老伴，她还有很多事情要做，他们都需要她。不过，她不让所有人说与死亡相关的事情。显然，她已经陷入了深深的死亡恐惧中，她只能通过转移视线和回避问题来艰难度日。年末越来越近，方红越来越焦虑，她的身体也更加虚弱，她说话已经很困难，医生也不愿意再去她家里给她用药，因为一用药，方红就特别难受，她的全身浮肿也更厉害。就在这特别艰难的时候，一位特别要好的朋友来看她，方红情绪有点激动，在家人的帮助下她才艰难地从床上爬起来，瘫坐在沙发里。突然，方红一把拉住朋友伸过来的手，吱唔了半天，终究没有说出什么话，只能自顾自地哭了起来。她是那么不安、恐惧、不知所措。终于，方红说话了，但是需要朋友把耳朵凑到她嘴边，才能听清她含混的声音。她没说别的，就一直在念叨说：她大儿子还没有娶媳妇，小儿子家里还有许多困难，她要是走了，谁来帮助他们、照顾他们，还有她的老伴……从始至终，她没有交待别的事情，她很痛苦、很难过，她并不想死。大年三十的晚上，合家团聚的时候，方红走了，终年六十三岁。她的感觉或许是对的，她的恐惧也是真实的，即便她不愿意相信死亡在即，但是她的预感是对的。方红至死没有正面谈论过死亡，关于她即将死去的事实，她至死也不想承认，也不愿面对。她觉得她还有许多事情没做，她不想死，她还牵挂人世之事，她对朋友恋恋不舍，对孩子、老伴放心不下，她总是哭，她的哭声传递出太多无奈、痛苦，甚至悲戚。无论如何，她至死都不愿意承认自己会死，更不愿意直面死亡，这给临终期的她带来了太多的痛苦和悲伤，而潜藏在心底的恐惧更是无处诉说，或许这样的结局是开朗的她一辈子都没有想过的事情，更是身边的人始料未及的。这种没有经过安顿的死亡对生者和逝者一样，都是巨大的伤害。方红最后时期无法与照顾她的人好好相处，甚至性情大变，这一切或许都源于不接受死亡，回避死亡。

当人们害怕某个东西而又无能为力时，这种东西通常都容易成为一种禁忌，死亡也是如此。远古时代的人害怕死亡，把死亡当成是忌讳的事情。随着时间的推移，人类认知不断进步，可是人类对于死亡的认知并没有随之深入，死亡禁忌也没有随之消失。死亡对于人类的意味随着时代悄悄发生变化，死亡禁忌的形式与内容也不断更新。在当今中国社会，很多人对死亡的禁忌没有因为无神论、唯物论的普及而发生本质性的改变，他们对死亡的害怕仍然以各种各样的形式表现在生活当中，避谈死亡，或者与死亡相关的话语被偷偷地替换，生活中不经意的习惯甚至也成了人们对死亡约定俗成的禁忌。像方红，她本有一个不错的人生，她生前受到了人们的尊敬和喜爱，人们甚至感叹，要不是那场"不该来的疾病"，或许她的人生就完美了！但是，在我们看来，她的人生注定不会完美，因为她只接受生，而拒不接受死，只愿意拥抱生命，而极力回避死亡——哪怕死亡威胁近在眼前，她也可以装作视而不见。

没有死亡的人生显然是不完整的，回避死亡就是在抗拒生命的有限，这只会平添无谓的痛苦，以致空留遗恨。在当今世界，虽然人类已经进入了一个新的发展时代，甚至有科学家认为人类即将进入一个征服死亡的新时代。但是，迄今为止，死亡还是无法从人们的生活中消除或者从生命中抹掉，人类还在前赴后继地被死亡夺走生命，也就是说，死亡仍然是一个没有被消除、让人头痛的对手。在我国，恐怕也没有多少人愿意相信在不久的将来，死亡可以被消除，人类将整体进入一个长生不死的境地。不仅如此，人们乐观地对待死亡的态度丝毫不影响死亡恐惧在人们心中的弥漫和扩散，怕死，对死亡形成各种禁忌依然很好地表明了许多人仍然不相信死亡是可以被征服的，死亡的可怕远比长生不死的前景更令人重视。回避死亡、死亡禁忌现象是当前社会十分常见的事情，令人好奇的是，人们为什么会如此害怕死亡？这倒是值得深思的事情。

有人说，当今社会有的人"活着的时候觉得自己从来不会死，而死的时候又好像自己从来没有活过一样"，这个说法很形象，它指出了死亡在许多人的生活中严重缺位的情形。"人活着的时候觉得自己不会死"，这不足为奇，因为没有死亡意识的人通常不认为自己会死；"死的时候觉得自己从来没有活过"，这才是匪夷所思的事情。当人还健康地活着的时候，可以无所顾忌地忙忙碌碌，甚至总觉得人生没有尽头，人也好像从来不会死一样；可是当人们一个不经意，或余下生命所剩无几时，或死亡突然以非常恐怖的面貌出现时，它让人猝不及防，人们被迫把所有精力都"耗费"在死亡这件事情上，全然忘记了曾经的生活与生命的美好，一心都是眼下的悲惨与痛苦。换言之，死亡在一个人一生中到底占据什么位置，健康的时候人们似乎从来不愿意花时间去想想，更谈不上从死亡中获得一些启发，或者提前为死亡准备一些什么，哪怕做一点点心理准备，这种情况就是死亡严重缺位的现象，或许也是为什么当今社会有的人如此怕死的原因。

死亡本应在人生中占据一个非常重要的位置，它是人的一生中不得不正视的大事，可是当人们对死亡不以为然，或者以为它不过就是人某一天的一个结局，或者以为不过是人死如灯灭，人死不过如同草木成灰、不足为念，抑或死亡仅仅是一个物理事件，再正常不过了等诸如此类的看法，这无不表明了死亡在人们的生活中是缺位和畸形的。死亡的缺位就必定让人们无缘故地看轻死亡、忽视死亡，从而无法理解死亡及其意义，这样一来，人们必然会与死亡有所隔膜，甚至有点"不知死活"。

死亡禁忌问题虽然很明显地表明人们害怕死亡是一个不争的事实，但是，正是由于死亡禁忌的普遍存在，人们企图用回避死亡的方式来简单地为自己构筑一个安全的港湾。这种企图并不新鲜，自古而然，但是实际上它并不成功——人们回避死亡的方式根本不足以化解死亡带来的焦虑、恐惧以及虚无感。死亡的缺位、死亡观念的缺位、死亡教育的缺位，成了人们日常生活中随处可见的事情。德国哲学家海德格尔说："时代之所以贫困不光是因为上帝之死，而是因为，终有一死的人甚至连他们本身的终有一死也不能认识和承受了。"不承认死亡的存在，不认识死亡的价值，这大概是现代人普遍存在的心理状态和思想意识，这种思想意识强化了人们回避死亡的意向。

（二）直面死亡

这是一个新闻报道的真实故事，故事中的小学生直面死亡的勇气和经历令人动容。这个化名贝贝的孩子，是一个小学二年级学生，可是，在他天真可爱的年纪，却得了晚期肝硬化，危在旦夕。他这个病是先天性遗传的，由于已经是晚期了，从孩子的症状来看，医生认为只有一个办法能够挽救小男孩的生命——换肝。但是，由于孩子出生于一个非常普通的家庭，家庭条件不好，姑且不论手术后的康复治疗费用，光是面对高达30万的换肝费用，孩子的父母就已经一筹莫展。

正在这时候，一个令人震惊的消息传来：贝贝5岁的弟弟查出患了同样的疾病！顿时，这个不幸的家庭蒙上了一层死亡的阴影。贝贝的肝硬化已经是晚期，再不换肝很快就面临死亡；而贝贝的弟弟刚刚查出问题，救治的希望更大。不得已，父母只能倾向全力救治弟弟。于是，这个贫困家庭出生的二年级小男孩面临放弃治疗、等待死亡降临的命运。贝贝的情况很糟糕，他的身体已经非常虚弱，不断出血，进食也开始变得困难。小贝贝大概感受到了死亡的临近，他心疼父母的处境和难处，竟主动提出回家。最后他说自己有一些小小的心愿，希望父母能够帮他达成。这些心愿，更明确地说是遗愿，他不想躺在医院里等死，不想留下遗憾，于是提出要出去做几件事，结束自己短暂的一生。

贝贝的心愿之一就是回自己的学校看一看。当小贝贝被父母背着来到他上学的地方时，却发现学校大门紧锁，原来学校早已放暑假，根本没有人，所以他只能在学校门口远远地看上一眼。他说他喜欢这里，喜欢上学，喜欢跟同学们一起玩，只是，他以后可能没有机会了。

贝贝的另一个心愿就是去看看他种下的葫芦是否开花挂果，那是他亲手种下的，他一直充满期待，恋恋不舍，他想看着它长大、成熟、结果；但是，现在恐怕没有时间了，葫芦成熟的时候，估计他已经不在了。

父母把他背到地里，贝贝一边看，一边颇有遗憾地说"这还没有开花呢"。其实贝贝的命运与他种下的葫芦何其相似，他还没有长大，他的人生也未充分展开，就要走了。或许他的喃喃自语只是为了他亲手种下的植物没有开花结果而惋惜。然而，一旁的父母大概联想到了自己的孩子很像这株未长成的植物，这对可怜的父母在一边看着孩子，一边流着眼泪，或许他们的泪水中一方面可能饱含着伤心难过，怀着对孩子即将幼年早逝的无限悲痛；另一方面也可能是无奈和自责，对无力承担孩子的医疗费用而感到无奈，为不得不放弃还可能有一线希望的治疗而自责。尽管如此，贝贝似乎没有什么怨言，他也没有怨恨父母救弟弟而不救自己。

看完了自己种下的植物后，他要求见一见奶奶。贝贝小的时候就一直跟奶奶一起生活，跟奶奶特别亲。由于肝硬化住院以来，他一直没有见过奶奶，家里怕老人担忧，所以一直没有告之实情。但是，小家伙决定亲自告诉奶奶病情，他要跟奶奶做最后的告别。我们很难想象，一个脸上堆满皱纹、年事已高的老太太，突然听闻疼爱的孙子马上要死了，而且比自己更早地死去，这对她来说是一件多么残忍而令人悲伤的事情！当贝贝见到奶奶时，他跟她说自己十分想念奶奶，他舍不得奶奶，但是可能没办法了。

跟奶奶告别后，小贝贝想实现他最后一个愿望，他想跟自己的小伙伴们再玩一次。由于病情十分严重，他已经很久没有下过床了，身体很虚弱，一点点运动都可能引发大出血。所以父母叮嘱他不能玩太长时间，他答应了。他太久没有跟小伙伴们在一起玩了。由于体力不支，很快他的身体就出现了问题，一旁的父母只能强行让他停止玩耍，或许这是最后一次与朋友们一起玩，其中寄托了太多留恋与不舍，或许还有无奈与伤心。

一个小学二年级的学生，一个还不到10岁的孩子，他还远远没有经历过正常生命有过的美好，就要匆匆离开了，这是一件令人伤感和痛心的事情。30万手术费，对于富人来说并不算什么，可是对于贫困的家庭来说，它却是一个天文数字。加上贝贝弟弟的医疗费用，这对于这个脆弱的家庭来说，无疑是个毁灭性打击。可是贝贝不光没有怨恨父母，甚至还支持家里先给弟弟治疗。这种举动对于不谙世事，甚至不知生死为何的孩子来说或许不难，但是对于现实世界来说，能做到这样不容易。贝贝的行为确实令人十分感动。

有时候，我们不得不承认，孩子比大人纯粹、勇敢、无私，他们的决定和举动让人感动、汗颜，似乎人在世间经历的事情越多、越久，孩童身上那种美好反而消失得越快，以至于有的人童真完全泯灭。这不得不说是件令人遗憾的事情。

贝贝的事情被媒体报道后，引起了许多关注，或许他会得到好心人的帮助和支持，最终可能有人帮助他们渡过这个难关。但是，这只是或许。像贝贝这样的情况，如果没有外力帮助，他的死亡几乎就是必然的事情。当然，人终有一死，或许死并不可怕，可怕的是要哀求他人来拯救自己。孩子虽然生死未卜，让人同情、伤感，但是，我们发现贝贝的故事十分凄美动人，无论是孩子的无助、善解人意，还是他的勇敢、担当，都让人十分敬佩，更为关键的是，他似乎接纳了自己的死亡；并且，为了不留遗憾，他还勇敢地列出了自己的"遗愿清单"，并希望在生命结束之前，重温一遍曾经的美好，哪怕是最后一次，他也要勇敢认真地去完成。

其实，生命这般结束，实在太过突然，然而，他在享受了生命最后的欢愉时，还实现了最后的微薄愿望，或许他已经忘记了死亡的可怕与命运的残酷。

这个新闻报道让人想起了一部著名的美国电影《遗愿清单》，在那部电影中，两位即将面临死亡的老人，列出遗愿清单，一项项去完成。相对而言，贝贝的遗愿太过简单，太容易实现。对于一个尚未成年的孩子来说，或许显得有点残酷。然而，当人们在对年幼的孩子失去生命而痛惜时，不能忽视一个事实：通常，未成年人的死亡认知与成年人有所不同，在他们的认知中，死亡的恐怖或许还没有到无法面对的地步。

欧文·亚隆在对儿童死亡概念的研究中发现"儿童在最初知道死亡之后，接下来的阶段是否认"，在儿童看来，"死亡是暂时的，是意识缩减、不省人事或睡着。很多已经学会说话的儿童会报告说，他们认为死亡是可以恢复的、暂时的，或者是一种意识的缩减，而不是终止。这种看法会被无处不在的电视或卡通片所强化，卡通片里的主角以无数方式被胀破、压扁、碾碎或肢解，最后都能奇迹般地重生。"[①]可是，对于许多成年人来说，直面死亡是如此艰难，就像方红一样，那是因为他们意识到，死亡会摧毁与他们相关的一切，包括人在世间留恋的东西，还有生

① 欧文·亚隆.存在主义心理治疗［M］.黄峥，张怡玲，沈东郁译.北京：商务印书馆，2015：98.

命本身。似乎人的理性越发达，认知越清晰，人越是从理性角度出发去看待死亡，死亡就显得越恐怖，死亡像水、空气一样弥漫在人的理性认知中。然而，最令人感到惊讶的是，人类理性地面对死亡虽然令人感到很恐惧，但是，只有理性地面对死亡时，才开始从死亡恐惧中超拔出来，超越死亡。人类从出生之日起，死亡就像一道深不见底的深渊环绕着人们，如果人们从来没有认真凝视过死亡这个深渊，那么大概是不太可能走出这深渊的，也看不到真正有阳光的人生。

直面死亡，需要与死亡深度接触，甚至有时难免与之搏斗，但是，无论如何，最终需要与死亡达成和解，忘记死亡的可怕，简单从容地面对死亡。人只有坦然地面对死亡，死亡才不再显得那么神秘、恐怖，也只有这样，人才能够真正超越死亡。

（三）转身去爱

著名企业家李开复曾说过这样的话：除去虚名和成就，你的人生还剩下什么？

李开复，这位知名公众人物，作为现代社会成功人物的典范，他曾经不断地鼓励年轻人要有梦想，要追求成功，要在有生之年创造出一番卓越事业。然而就在他罹患癌症、手术之后，他的态度却完全变了，他开始劝年轻人不要追逐虚名，要关注健康、亲情和爱；他说："健康、亲情、爱，才是永恒。牺牲健康去换取所谓的成功和梦想，简直是天大的笑话！"这种惊天的大转变，是李开复遭遇死亡威胁后，直面死亡发生的。

纪录片《筑梦者之李开复——向死而生》，是以李开复罹患癌症之后的心路历程以及他对人生的重新定位和思考为背景的。在纪录片中，李开复自述了患癌期间，历经两个月确诊、六个月化疗、九个月休养的人生经历，并坦言了"一度认为自己活不过100天"的内心绝望之情。李开复更是首度在片中披露了自己留学时期的家书，第一次哽咽地说出他欠已经去世的父亲一句道歉，第一次落泪谈及母子深情，第一次温柔地细数了对妻子与女儿的亏欠。

李开复后来还出版了新书《向死而生——我修的死亡学分》[①]，在遭受病痛折磨后，李开复总结了他修习死亡学分的心得："健康无价；一切事物都有它的理由；珍惜缘分，学会感恩和爱；学会如何生活，活在当下；避免名利的诱惑；人人平等，善待每一个人。"这些心得看起来并没有什么特别的，仿佛都是些大道理，但是它真实地反映出一个人，一个所谓的社会精英和成功人士在面对死亡时的渺小、绝望与反思。我们每个人，无论成功或失败，面对死亡，都无力反抗，只能顺从；回归人性最本真、最平凡的状态。

李开复在生病之前，跟许多成功人士一样，对于健康和生命并不在意，他认为睡眠是浪费时间，年轻人一定要努力工作，否则就无缘成功。李开复的想法并不罕见，这是当前很多成功学思维提倡的。

根据数据显示，从1969年日本一位29岁报纸发行员的猝死开始，全球每分钟就有3位25~40岁的年轻人猝死，通常都是发病1小时内死亡，抢救成功几率不到1%。健康这种最平常的东西对于那些还没有生病的人来说大多数时候是视而不见的，只有等到身体的损害到了无法挽救的程度时，人们才开始意识到健康是如此重要。

日常生活中，人们总说"只有失去时才懂得珍惜"，这种说法实际上包含一个前提：失去了我们还有机会再次拥有，或者任何时候还来得及再次反思，从中得到教训，亡羊补牢——可是实际上，我们很多时候并没有机会再次拥有，失去就失去了，失去了不会再拥有。比如说，当人失去生命时，人们既没有机会反思，也不可能再懂得什么珍惜，因为一切都太晚了。人性最常见的现象是：失去之前不懂得珍惜，再次拥有的时候仍然可能不会珍惜！

李开复从临界死亡的体验中认识到，要珍惜生命，要学会感恩和爱。这是人类遭遇死亡时常有的体会，这种体会看起来不是那么惊天动地，

---

① 此书描述了李开复罹患癌症以及他在治疗过程中的所思所想。

可是它却能让体会到这一点的人的生活态度以及价值观念发生根本性的转变，这就是人类对死亡的超越。人类超越死亡，不是赶走了死亡，也不是回避或"取消"了死亡，而是开始承认死亡、面对死亡、积极地接纳死亡，并在此过程中找到了比生命更值得付出的东西，自此开始，人们对待死亡的观念和态度发生根本性转变。

李开复反省他过去的生活时说："一直到面对死亡的时候，才知道家人对我无私的爱，我当年是多么冷漠。虽然我告诉朋友说，我一放假就陪我的母亲，但是我只有4周的假。陪母亲5天以后，我就认为我的任务完成了。一直到我自己面临死亡的时候，我才知道，我是多么冷漠，我是以多么敷衍的方式表达了人们口中的孝顺。"李开复生病以后，决定改变原来的生活方式，每周不但要陪他母亲，还要陪他姐姐。从那以后，他回到台湾，会花更多的时间和爱人在一起，女儿考大学，他会帮女儿做各种准备。李开复生病后做的各种事情，是他原来可能不太考虑的事情，只有在他死里逃生后，他才开始学会如何感恩、如何爱、如何直接去表达爱。他甚至在父亲节的时候，发了一条微博，微博内容是他女儿亲他的照片，他想鼓励更多的孩子亲他们的父亲，他意识到：爱不是藏在心里的，应该要清晰、及时地表达出来，如果不会表达爱，以后没有机会的话就会很后悔。学会生活，学会表达，学会活在当下，这种转变是生命境界的提升，也是他超越死亡的开始。

李开复的转变和想法，不禁让人联想起罹患癌症去世的复旦大学青年教师于娟。于娟，去世时仅32岁，海归女博士，曾经的她生活、学习顺风顺水，她就职以后追求快速申请课题，评上职称，登上人生巅峰，可是，直到她32岁被诊断出罹患癌症，将不久于人世时，她才意识到：

任何的加班，给自己太多的压力，买房买车的需求，这些都是浮云，如果有时间，好好陪陪你的孩子，把买车的钱给父母亲买双鞋子，不要拼命去换什么大房子，和相爱的人在一起，蜗居也幸福。

直面死亡让人的改变有时会令人感到不可思议，从一个为达目的、追求成功不惜一切代价的人，突然之间完全转变，主动放下曾经追逐的一切，并开始追求和享受起平日里看起来完全不起眼的东西，这不禁让人疑惑：死亡具有什么魔力，可以如此彻底地改变一个人？其实，在人生的追求上，面对从生到死的过程，每个人都可能经历：从人生初见时的孜孜以求，到不顾一切地追求成功，再到意气风发、风光无限，直至心力憔悴，最后蓦然回首，回归平常生活。人生最后的这个转变，蓦然回首，这种情况大多数都与人对死亡的觉醒有直接关系。恰恰是死亡教会了人们要面对真实，懂得珍惜、感恩、回报他人、关怀他人。就在这些最平常、最平凡、最有价值的事情上，人们找到了真正意义上的家。此时，人们对死亡的恐惧转化成了对生命的热爱，并持续地化作一股前进的力量，支撑起生活世界，这就是超越死亡的过程。超越死亡其实并不复杂，就像北京大学王一方教授常说的："向死而生，转身去爱。"[①]如果达到这种境界，死亡已被超越。

每一次相遇都是久别重逢，这样的重逢值得每个人珍惜和爱护；每个人的离开都让人颤抖，需要活着的人用心去聆听丧亲者的哀痛。人遭遇死亡，无非就是面临他人的死亡与自己的死亡，人活一世，许多人会在我们还活着的时候死去，我们身边的亲朋故旧终有一日会全部离我们而去，最后，那个熟悉的、曾经表明自己活着的人际圈会一一散去，到时候，我们的死期就来了。

在生命结束之前，我们或许还有许多值得留恋的事情，或许还有很多没有做完的事情，或许我们身边的人不舍得我们离去，但是，死神的召唤终究无法违逆，与死亡照面终不可抗拒。因此，无论你是积极地迎接死神到来，还是被动地被死神强行带走，其结局都是一样的，因为死神从来不打算放过任何一个人，不过，二者的区别在于，向死而生、转身去爱的人，他们会超越死亡，因而会死而不亡；而回避死亡、抗拒死亡的人，则会痛苦不堪，一直深陷在死亡困顿中无法自拔。

人面对死亡，面对有死的人生，常常会产生这样一个困惑，活着的

---

① 王一方.向死而生，转身去爱［J］.中国卫生，2012（4）.

人生究竟是为什么？乔布斯说："活着就是为了改变世界"。但是，乔布斯死了，早早地死了，他贡献了著名的苹果品牌，但除此之外，人类的生老病死依旧如故。李开复说："我们这么渺小，凭什么狂妄？"所以，我们不必强求把改变世界作为自己的要求，因为如果每天拼命改变世界，那必定是充满压力的。

这世上总有人要改变世界，但却常常无法改变自己。如果我们把每个人都当成一个世界，那么，这个世界是不需我们去改变的，而是需要我们去认识、去关爱、去联通、去学习的。

如果人一降生就注定要死亡，那么孤独在所难免，人要突破人生的孤岛，多去认识周围的人，应该对生命感到幸运，充满敬畏，应该与人为善。如果世界上每一个人都这么做，世界或许就会变得更好；如果强行改变他人，改变世界，只会给他人和世界增加烦恼和痛苦。

人生只有一次，所以分秒必争，但不是为了"兑换"成功，而是为了成为自己，做最想成为的自己。从现在开始，我们要学着接纳自己，接受世界的残缺，接受他人的不完美，甚至缺陷，相信每一个平等的生命来到世间，都是不断学习，不断成长的，而不是生而完美。

人有缺陷、认知不足才能学习和成长，完美的人只是想象中的产物，我们可以让自己更好、更完善，但不是完美。既然每个人都要持续地成长，那么，需要对自己的生命负责，对自己的成长负责，人有责任提升自己，生命终有一天会随着心跳停止，但这没有关系，唯一的一次生命，如果我们认真地活过了，死去时离开这个世界，就会死而无憾，不会产生从来没有活过的感觉。

如果这一生是体验、学习、提升，而不是颓废、堕落、无望，相信你的世界会越来越好，当你的世界与他人的世界汇合时，美美与共，必定会让那个更大的世界更好。

第二章

直面死亡

德国哲学家海德格尔对现代人有过一种批评，他说："现代人不知从何时开始，试图把死亡排除在人生之外，狂妄得不再把死亡当成是人的属性了。"海德格尔一针见血地指出：死亡是人类的本质属性，人无论如何都要走向死亡。人只有直面死亡才可能超越死亡。直面死亡哪怕有多么艰难，哪怕会引起人多大的恐慌，人们仍然需要直面它，走近它，近距离地观摩它，揭开它神秘的面纱。

一、直面生死大事

（一）生死困惑

人类发现人必有一死这样的结局，大多数时候是从他人、他物的死亡开始的。我们发现，在人类历史上所有出现过的人都死了，无一例外——当然，神话传说中的人物除外。但是，即便如此，我们仍然不愿意相信自己也会死亡，似乎其他人都死了，这只表明他人死了，并不能证明我们也必死无疑，死亡好像是他人的事情，跟自己无关似的。然而，一旦人们退无可退，发现这种侥幸心理无法延续，并确切地意识到我们其实跟其他人并无不同，死亡终究会降临到我们头上时，一个困惑就产生了：人为什么会死？我为什么会死？这种想法就是现代人最常见的问题：我们活着，似乎生命没有尽头一样，不去想也不愿意去想人会有死的那一天，许多人不相信自己难逃终有一死的命运。其实，如果从一开始人们就清楚地意识到，只要人一出生，死亡就已经紧紧地跟随在身后，那么，或许就不会怀疑人会不会终有一死之事，而只会终其一生周旋在生死之间，并为迎接死亡作好准备，在死亡没有降临时，让生命不断成长；在死亡到来的时候，便直面死亡，坦然接受它的到来。当然，面对死亡，人产生困惑总是难免的，这一点从古至今都未曾改变，无论是哲人、伟人，还是平凡人、普通人，人们都深受死亡问题的困扰，死亡就像"美好生活的破坏者"一样，它肆意地撕扯着人们对永恒的幸福生活之向往，它总让人们在惊魂不定中犹豫彷徨。无论人们做什么事情，无论人们收获了什么，抑或人们失去了什么，在人们内心深处，总逃不过一个来自死亡的质疑或嘲笑的声音：这样做又有何意义呢？在清醒的死亡意识面前，人们会发现一个问题：面对死亡，似乎一切都不堪一击，面对死亡，一切似乎都是"生不带来、死不带去"，死亡面前，似乎任何东西都不会留下！这样的说法有人认为过于消极，可是类似的看法难道不正是许多人面对死亡时的内心独白吗？

　　世人都晓神仙好，惟有功名忘不了！古今将相在何方？荒冢一堆草没了。世人都晓神仙好，只有金银忘不了！终朝只恨聚无多，及到多时眼闭了。世人都晓神仙好，只有娇妻忘不了！君生日日说恩情，君死又随人去了。世人都晓神仙好，只有儿孙忘不了！痴心父母古来多，孝顺儿孙谁见了？ [①]

这是《红楼梦》中一段话。此类中国古人对于死亡意识觉醒时的幻灭感描写还有很多，比如刘禹锡的"旧时王谢堂前燕，飞入寻常百姓家"，讲述了历史上曾经辉煌一时的人物、家族、事物，最终也不免被死亡击败，死亡意识觉醒后的幻灭感在诗人简短的句子中显露无遗。

对多数人来说，死亡意识觉醒后，困惑丛生，人除了发现死亡能取消和带走世间的一切，包括人们留恋的生命之外，更加令人感到恐惧的是，似乎没有什么东西能够在死亡面前安慰我们、帮助我们、拯救我们！换句话说，人们会觉得当死亡来临时，似乎与我们有关的一切都不会留下，也没有任何东西可以支撑我们渡过死亡这个"劫难"。许多人竟

---

　　① 出自曹雪芹红楼梦（第一回）。

然无助地发现，之前的教育和生活教给自己的知识和信念如此之多，但是唯独不包括克制死亡的工具，也没有任何方法克服死亡带来的恐惧！当然，令人更为困惑的问题是，如果人必定要死去，那么人们为何还要辛辛苦苦地追逐那些看起来在死亡面前不堪一击的东西，包括财富、地位等。还有，如若往昔生活中那些无限真实的东西在死亡面前都被判断为虚假的、不牢固的，它们无法帮助我们面对死亡，那么什么才是真实的？什么才是不会被死亡击破的？

死亡的问题是个亘古不变的哲学问题。柏拉图曾认为人们看到的现象世界是变化的，但凡变化的就是短暂的、不真实的，而只有不变的、永恒的才是真实的。因此，他进一步认为，只有理念世界才是真实的，现象世界——人们能看得见、摸得着，能被感官确认的、一直变化的世界，就是不真实的，它只是理念世界粗糙的复制和模仿。所以柏拉图有个想法，他认为人的生命只是现象世界中的一种，并无特别，人生老病死，生命不断变化流转，只有当死亡来临时，离开了肉身的束缚，开始完全回归理念世界，回到永恒不变的世界，才是人们人生真正的开始。

所以，柏拉图说学习哲学就是练习死亡，因为只有死亡才是生命真正的开始，人只有理解了死亡，才不会恐惧死亡、害怕死亡。更重要的是，他认为死亡就是灵魂离开肉体，人从此回到了纯粹永恒的理念世界——死亡本身并不可怕，它是生命的契机，死亡之际是人们值得庆贺的人生大事，而不是什么坏事。柏拉图这种"死亡观"，尤其是对于那些不相信灵魂存在的人来说，就像变戏法一般，虽然炫目，却令人难以置信。可是不知为何，练习死亡、学习哲学就是实践死亡，这种想法却很流行，被很多人欣然接受。可是我们的问题是，如果人死之后一切如烟，你还如何练习死亡？如果生命就是唯一的"现世"生命，那么，你又如何练习死亡？柏拉图说：

真正的追求哲学，无非是学习死，学习处于死的状态。他既然一辈子只是学习死、学习处于死的状态，一旦他认真学习的死到了眼前，他倒烦恼了，这不是笑话吗？①

柏拉图的意思很明确，在他的世界里生死虽是两分的，但是从生到死却是有价值的，孰真孰假，孰重孰轻，一目了然：生命不过是人世短暂的停留，而死亡才是走向永恒的开始，才是人真正值得重视的事情。哲学家尼采说，希腊哲学从苏格拉底开始就堕落了。在尼采看来，苏格拉底或柏拉图对人类肉体生命的忽视和诋毁，对死亡和来世的重视，开启了厌世、敌视生命的思想潮流。如果后世之人只知有生、不知有死，柏拉图的"死亡观"或许是一剂醒世良药，它让人们清醒地看到，生命诚然重要，但是不知有死的生命必定是盲目的。柏拉图的死亡哲学正是人类死亡意识觉醒的集中体现。

人是会死的，在柏拉图看来，死亡比活着更为紧要。可是为什么到今天为止，仍然有人不相信人会死亡？这种神话故事或许跟尼采和无神论思潮有关，当尼采喊出"上帝死了"这个口号时，他并不是要跟无神论者站在一起，而是告诉人们一个事实，当人不再相信灵魂、天堂地狱、末日审判这些基本观念时，人来到世间的神圣理由便没有了，人死之后如何安顿也不清楚了，当人赤裸裸地被斩去了生前和死后两个原来属于人的整全时空的部分，人就只剩下现实世界那一点点既不知来处、也不知去向的生命，这种人生就变成了一幅令人感到无望的图景。

正是在这样一个处境之下，尼采"强行"告诉人们，虽然人生如此

---

① 据柏拉图《斐多篇》。《斐多篇》记述了苏格拉底死前跟其他人的对话，记录了他对死亡的看法。由于受到雅典法庭"腐蚀青年人心灵"的指控，苏格拉底被判死刑。临刑前，他忠诚的学生斐多一直陪伴在他身旁。相传是斐多把苏格拉底最后的时刻讲给他的朋友们听。他告诉朋友们，苏格拉底整天都在讨论中度过，就像他以前在监狱中和监狱外的谈话一样，谈话转向了灵魂不朽这个问题。"我们的出生只不过是一种睡眠和遗忘"，学习就是回忆起在另一个生命中获得的知识。苏格拉底最后提出一种新的想法：灵魂是不朽的，因为它能领悟，能分享真、善、美，而这些东西是永恒的。人能够认识神，因为人在神那里拥有某种与永恒和不死相似的东西。所有在场的人都接受了这种看法，而苏格拉底则继续宣称神的正义只有在来生才能显示，并且生动地描述了一幅天堂与地狱的图景。

悲凉，人类就像西西弗斯的处境一样荒诞，但是人生仍然值得人们顽强地为之奋斗，人类需要抗拒和超越这样荒诞的命运。因为人只有接纳"人类有死"这样的命运，并努力去征服和超越这种命运，赋予干枯的人生以意义，才能在"荒诞"中活得"精彩绝伦"。再后来，当人们尽力相信尼采描绘的这样一幅苍凉而激动人心的命运之画时，却进一步意识到，如果只有自己承担自己的命运，才能在现代世界里更好地生活下去；那么，这个唯一可以指望的自己就必须是可靠的、强大的，像尼采描述的"超人"一样。因此，自我就是人类唯一的、充满无限可能的真实依靠，也就是说，如果现世的生命要完结，自我会在生命的尽头瓦解，很显然，这是令人难以接受的：那个无限的自我，唯一的生命意志，如何走向死亡呢？这或许就是现代人对人会有死难以置信的深层原因。人们实在不愿意相信这最后一根救命稻草如此脆弱，离开了自我和现世生命，人似乎就没有立锥之地了。

非常奇怪的是，尼采教导人们，正是从生命的悲剧开始的，确切地说是从上帝死了，人类需要完全承担自己的命运和责任开始的，然而，到最后，人们只接受了他"轮回的不死意志"，而不愿意承认生命的流逝和死亡的命运。可是，如果没有生命的流逝，那么也就无需不死的意志来拯救人类的死亡。

所以，无论如何，有些人的生死困惑，都显得有点混乱，不接受生命的流逝，那么永恒的生命就会带上柏拉图"死亡观"的身影，而不相信灵魂、不相信生命的前缘后续、不相信现象世界背后的理念世界，就显得有些怪异了。

生死困惑是人人都可能碰到的，也是让人们反思人生意义的重要契机。人生意义的虚无是许多现代人常有的困惑，人生意义的虚无不是什么罕见的疾病，更不是有些心理咨询师所说的"空心病"，人生意义或许也不是心理学家能够解决的问题。心理医生关注的问题有如哲学家康德所言，仅仅是关于心理现象的物理学，对于那些超越性的东西，比如触及人生意义的问题，通常不是主流心理学派别关注的问题，像罗洛·梅、欧文·亚隆之流的存在主义心理学家曾试图用存在主义视角与方法来解决人生意义、临床治疗等问题，这已经是比较后起的事情，虽然他们做出了许多非常有益的前瞻性工作，但是主流心理学派似乎没有准备好接受他们的理论[①]。其实人生意义问题，尤其是涉及生死问题，它从根本上说是哲学、宗教神学等回答人类终极问题的学科和视域所要应对和解决的问题。人生意义与生死问题这些根本性的议题，需要人们打开一个新的心灵向度，这个向度在哲学中是形而上学领域研究的主题，通常围绕人的精神空间、心灵境界、灵性空间展开。当然，如果人没有涉足这个领地，没有打开心灵的这一维度，那么，死亡就是无法摆脱的噩梦，非常可怕，难以超越。

（二）偶然死亡

李嘉下班回家，她一言不发，头略微低着，也不看人，脸上流露出往日没有的阴沉。这种情况很少见，因为李嘉的心思比较简单，她的喜怒哀乐通常都写在脸上，心里很少能藏得住事儿——哪怕不说话，旁人通常也能猜到她是否有心事。她今天脸上的表情让人疑惑，想必是发生了什么严重的事情？但是这一次，旁人却猜不出来可能发生了什么事情。

"怎么啦？发生什么事了？"吴晓轻声地问道。

……

李嘉沉默地往前走了一段路，终于忍不住了，说道："我的同事，我以前跟你提过她的，她的孩子还没出生……就没了……"

"什么？"吴晓有点蒙，他不明白什么意思，不过，他想起前段时间李嘉跟他说过同事的一点事情。

李嘉的同事，一个32岁的姑娘，因为各种原因，之前一直没有生孩子，直到最近一年，夫妇俩才决定要个孩子。但是，正当她小心翼翼地做好了各种准备，兴奋而投入地要做一个好母亲时，医生却告诉她，孩

---

① 欧文·亚隆在《存在主义心理治疗》一书中描述了主流心理学家，比如弗洛伊德等对死亡研究的忽略，对存在主义讨论话题的忽视，对存在主义心理学这个派别的研究成果不认同的事情。

子已经胎死腹中了。据说，李嘉的女同事得知这个消息后非常平静。李嘉知道这个消息后很难过，一方面她是为同事失去孩子而感到难过，另一方面她还联想到了自己，因为她已经过了34岁，还没有生孩子，很快她就35岁了——她担心自己的年龄可能会影响生育，甚至影响未来自己的孩子，孩子可能会夭折……

其实，每年全世界像李嘉同事这样的情况并不常见，胎儿在腹中停止生长而被医生提前宣告死亡，这比起流产现象似乎更为少见，也更加难以让人接受。当父母怀着无比欣喜的期待和难以言表的喜悦等待着孩子降生时，等来的却是孩子已经死亡的结果，这对于父母来说无疑是个沉重的打击，甚至是难以承受的痛苦。雷朋说，孩子的死亡对于父母来说是所有情形中最困难的，最无法理解的，其悲伤也是最难以消除的。

难以想象，当李嘉的同事得知这个消息后，是否真的如外人看起来那般平静，当她费尽心力、满怀希望地等待她的孩子降生时，她却被告知自己的孩子根本就不会来到这个世上，哪怕活蹦乱跳地，或者带着哭声来到这世上，甚至让她看上一眼也不行，这该是多么大的折磨与痛苦，这就是死亡。一个关于生命还未出世，就已然死亡的悲伤故事。然而，这对于死亡的冷酷秉性来说并不是罕见的事情，死亡从来就不是按照人类的心愿出现或不出现，它似乎不会顾及人类的心愿、意志、情感等，它来了就是来了，无法扭转。其实，死亡对于人类来说并不陌生，自人类生命诞生那天起，死亡就如影随形地紧跟人类的步伐；然而，像胎死腹中这样的死亡遭遇，对于大多数女人来说并不常见：一个生命孕育不久、尚未降生，它就戛然而止，这种死亡确实令人难以释怀，尤其是与这个尚未降生的生命相关的亲人更是如此。然而，人类的死亡现象，各种偶然原因导致的死亡对于人类来说并不陌生。

生活中，偶然原因导致的死亡，比起人们正常死亡的数目似乎不多，也难以让人持久地关注这些偶然的死亡原因和现象，但是这其中可能有些误解，非正常死亡、偶然原因导致的死亡其实并不在少数，只是人们不愿意面对和承认而已。这些偶然的死亡现象并不是真的太少，或者不值得人们持久地注目，而是人们在生活中刻意地回避或屏蔽了这些令人担忧甚至无法理解的死亡现象。比如，一次偶然的、大范围的传染病，就可能让成千上万的人死于非命，1918~1919年的西班牙大流感，造成了全世界约5亿人感染，流感在约6个月内夺去了2500万~4000万人（当时世界人口约17亿人）的生命，比持续了52个月的第一次世界大战死亡人数还多。诸如此类的死亡事件数不胜数，死亡的偶然性与非正常的死亡现象在人们生活中并不罕见，只是人们有意无意地回避了这个问题，或者不愿意把它的危险性与自己的生活关联起来。然而，事实上人们身边的偶发性死亡从来没有停止过，比如，我的朋友圈在某天上午，还在为一个做手术的朋友众筹捐款，而下午转发捐款消息的朋友却告诉大家不用再捐款了，因为病人没有坚持到做手术的时候，就已经死亡，死亡的时候不到30岁。死亡并不偶然，只是人们习惯了自然死亡，即没有意外、不被干涉地老死，现代医学对人类死亡的强势干预，让人的死亡貌似进入了一个可以人为操控和延缓的阶段，这进一步加深了人们对死亡偶然性可控的幻想。然而，这只是个假象。人类通过现代医学的手段确实能够人为地延缓死亡，但有时候这一过程也会令许多现代人的死亡和临终过程变得十分艰难、痛苦。因此，"现代死亡学"认为这是当前人类社会急需解决的棘手问题：人类自己制造的"不得好死"的现象已经造成了巨大的人类生命悲剧！著名的精神医学与死亡学家伊莉莎白·库伯勒罗斯在她的著作《死亡与临终》一书中说：

　　一件最后重要的事是，今天的死亡过程在许多方面都是更为可怕和令人厌恶的，就是说，更加孤独、机械化及非人化……死亡的过程变成孤立而缺乏人情味，绝症患者被迫从自己熟悉的环境中运出，匆匆忙忙送到医院。[①]

活着对有些病人来说可能是艰难的；但是，对于许多因疾病已经求生无望的人来说，多数时候他们的死亡过程更艰难，因为医学一直在跟死亡作斗争，医学总是想尽各种办法努力地想要留住将要死去的人，而往往忽略了将死之人是否愿意"苟活"的问题，这已经成了一个严重的医学伦理问题——是死，还是活？到底谁说了算？哪个更有价值？

迄今为止，人类还没有任何手段能实现长生不死。不过，对人类的死亡宿命，有些科学家或乐观的科学主义者认为，人类永生在21世纪或不久的将来可能实现。未来学家伊恩·皮尔森博士说："人类将以多种不同的方式接近于获得永生"；谷歌公司首席未来学家库兹韦尔甚至在采访中明确地说："2030年后，人类将逐渐获得永生。"我们暂且不去讨论这些帮助人类实现永生的技术可能存在的难题与操作问题，仅仅从哲学中讨论的人类应对偶然性的能力来看就难以置信。人类要征服自然界全部的偶然性几乎是不可能的，因此，只要世间还存在偶然性，诸如人为的疏忽、自然的变异等，那么造成人类死亡的可能情形就会永远存在。退一万步来说，假如人类真有一天实现了长生甚至永生，由于某个偶然原因导致个体生命意外死亡，这种情况也是可能存在的——那时候死亡的冲击和影响无疑更大，它对于长生的人来说将是难以想象的事情。

关于人类永生不死的童话故事、神话故事人们一直在讲，相信以后还会继续有人接着往下讲，并试图努力接近这个目标。尽管永生不死对于人类来说看起来很美好，但是，反对人类追逐长生不死的人却未必如此思考，他们甚至认为追逐长生不死本身就是一件愚蠢之事：如若人类

---

① 出自伊莉莎白·库伯勒·罗斯：《死亡与临终》。伊丽莎白·库伯勒·罗斯长期研究病人临终前的状况和心理活动。本书基于作者组织的历时3年每周一次的对200多个临终病人的多学科的研讨会撰写而成。作者在书中详细描述了人的死亡与临终过程及心理特征和发展过程。最著名的观点要数把死亡过程分成五个心理阶段：拒绝、愤怒、挣扎、沮丧、接受，这五阶段理论后来逐渐为人们所接受。该书的研究具有开创性，研究成果对临终病人、家属、医生、护士、社工以及普通人，均有帮助和启发，对于大众理解死亡过程与人的临终心理亦有很大帮助。

生命本身就是有限的，就像哲学家海德格尔坚信的那样"人作为终有一死者"，那么，人完全没有必要追求长生不死。同时，人正是因为有了死亡这个结局，才衬托出生命存在的意义，以及生命短暂而弥足珍贵的价值。不过，无论是正方还是反方，也无论他们观点如何对立，在人类死亡这个问题上，偶然性是始终存在的，并不是所有人都能寿终正寝、自然死亡。人们普遍认为还很遥远的死亡，或者人们乐观地以为不至于降临到自己头上的死亡，却极有可能就是自己生命故事的结局。我完全可以想象，就在此时此刻，或许还来不及敲完这一行字，死亡就可能降临到我自己头上，比如地震、核爆炸、战争等，甚至我都可以想象天上的飞机失事，撞上我所在的大楼等，诸如此类，每一种情形都可能是死亡降临的方式。当然，最后我成功地敲完了这一行字，天上的飞机没有撞上我所在的大楼，并且我幸运地活到了下一个时间段，或许还能活着看到本书的出版，让人们看到这一行行字。但是我相信，这绝对是一个奇迹，一个神奇的故事。对于死亡，我们只能说：我们并没有太多的把握，也不敢断然妄言必定如此，死神的降临有太多的可能性了，它对每个人都是"虎视眈眈"的，它从不与人商量，也不会等待人们把一切准备就绪它才来，它只要来了，就是一切！

（三）必然死亡

当人们在生活中把死亡放到遥远的未来，并小心翼翼地拉开与死亡的距离，对发生在周围的死亡现象视而不见，就以为自己成功地躲过了死神的追杀，这是掩耳盗铃。人类自从意识到有死亡这件事情开始，这种掩盖和遮蔽死亡现象的企图和方法就已经形成气候，甚至将它以"人类文化"的名义包装或使之华丽转身，堂而皇之地登上人类历史舞台。毕竟，没有一个人可以时时刻刻承受想象死亡结局带来的恐惧，或遭受死亡毁灭性打击的想象，死亡的宿命是人最不愿意想象和面对的事情之一。这就像大多数人不愿意相信自己会死于各种偶然的、恐怖的情境一样，人们也不愿意想象自己的死亡，更不想直接面对死亡，这太常见了。

然而，偶然的、恐怖的死亡情形却是人类社会中许多平凡人生命故事的最终结局。

索甲仁波切在《西藏生死书》中讲到一个故事，一个关于佛陀开示人们接受死亡宿命的故事。据说佛陀在世时，有一个妇人的孩子死了，妇人痛苦万分，她恳切地向佛陀请求帮助，请求佛陀让她的孩子活过来。佛陀听了她的哭诉后，答应帮助她，但是，要她答应一个条件，即让她去找一个没有家人去世的家庭，如果她找到了，佛陀就可以帮助她，让她的孩子活过来。当然，故事的结局大家可能都猜到了，当这个可怜的妇人挨家挨户去打听"哪个家庭没有人死亡时"，她得到的答案都是一样的，没有一个家庭没有人死去。就在这个时候，妇人突然明白了佛陀的用意，同时也明白了一个道理：每个家庭都有人死去，每个人都要死去，每个人的死去都是必然的、不可逆转的。

这个故事告诉我们，死亡是一种宿命，无论贫富、性别、长幼等，死亡对大家来说都是一样的。死亡面前不容反抗，任何人都没有豁免权，死亡的降临不会有选择性地来到张三、李四、王五头上，而是或早或晚地降临到所有人头上，虽然每个人面对死亡的时间和情形可能有差别，但是死亡必然要造访每个人，谁也无法谢绝或推脱。

对于死亡的宿命，人们通常只是把它当成一个生命终结的故事来看待，也一直相信它离自己很遥远——更多的时候人们相信，"死亡"只是旁人的死亡，我们只是旁观者罢了。就像托尔斯泰的名著《伊凡·伊里奇之死》中描述的那样，那些前来参加伊里奇葬礼的人们，在他们眼中只是那"可怜的伊里奇死亡只是可怜的伊里奇的事情"，这些来参加葬礼的宾客中，许多人更关心的是他们的牌局是否能够凑起来，宾客们想要做的事情是不去想那死去的伊里奇，最好是忘掉伊里奇和死亡这件事情，赶紧让自己快活起来。小说中参加伊里奇葬礼的人们，其情形在现实生活中并不罕见，甚至有的情形有过之而无不及。只要参加过他人葬礼的人，就会惊奇地发现：相对而言，伊里奇的朋友关心他们的牌局是否能凑起来可能并不算太过分，至少他们还同情了一下死去的伊里奇，并向伊里奇和他的遗孀表示了慰问——而有一次在某地著名公墓，于某位著名人物的告别仪式上，死者的两个亲生儿子却为一些琐事吵得不可开交，几乎要打起来，这令很多前来参加告别仪式的宾客或不知所措，或哭笑不得，或愤怒不已。死亡终究是许多人需要尽快忘记和回避的事情，哪怕死亡事件近在眼前。

人类的死亡结局可以是个令人感动的传奇故事，也可以是个令人感到荒诞的市井笑话，更可以是个流芳百世或遗臭万年的事件。但是无论如何，死亡的结局却没有那么多种可能性，它只有一个名字，那就是"死亡宿命"。个人死亡的宿命并非遥远的未来学故事，也不是由他人出演的令人赏心悦目的悲喜剧，而是高悬于自己头顶、随时都可能夺走自己性命的"达摩克利斯之剑"。

现实生活中，现代人统计死亡率，统计死亡人数，统计导致死亡的各种原因，也统计人的最终死亡年龄以及平均寿命，从这些统计数字来看，其概率的意义似乎不值得人们投入太多的关注目光——即便是数十万人死于自然灾害，比如地震或瘟疫，仅从数字角度来说，相对人类几十亿的人口规模仍然显得有些微不足道。但是，数字上统计的死亡或者概率上出现的死亡，它始终难以引起人们对这种死亡背后个体死亡的关注，也不太会令人生发出对死去的人真切的同情和关心，更难以让人们理解个体死亡的必然性及其价值。

概率论之下的经验世界实在包含太多的偶然性，人们会说：看，虽然这些人死了，但是还好，仍然有不少人没有死嘛！最重要的是，我还没有死呢！在这样的观念之下，人会觉得自己死亡的概率可以在0~100%之间浮动，而死或不死尚且未定，那么，自己的死亡，他人的死亡也就不是一件必然的事情。事实上，这只是数字时代下人们借助数学描述的一种掩耳盗铃式的心理安慰。

对于个体的死亡而言，在死与没死之间并不存在一个变化浮动的灰色地带，实际情况是，死亡降临就意味着必然，就是100%的毁灭，而死亡未降临，人就暂时还活着，它是非此即彼的事情。实际上，概率上人们声称的偶然性对于死亡之人毫无意义，无论是偶然的非正常死亡，还是所谓的正常死亡，对于死去的个体而言其实都是一样的，它们都是个体必然地逝去，无可挽回、也不可代替。人一出生，就一直处在可能死去的状态之中，并且不可逆转地奔赴死亡结局。生活中的莺歌燕舞似乎把死神暂时地放逐了，可是无论如何，人都只是暂时侥幸地躲过了死神的追杀，但并不能保证一直侥幸地存活；人甚至不能预见自己是否能够平安地抵达下一个人生路口。叔本华有个著名的比喻，他说，人生如同踩着水流湍急的浮冰前行，我们没有办法停下来，因为停下来人就会沉入水底淹死，为了不沉到水底淹死，我们被逼无奈地踩着浮冰拼命前行，我们幸运地躲过了一个又一个暗礁和险滩，却发现人生的尽头竟是万丈悬崖！我们无意把人生描画得如此险象环生、晦暗不已，然而，死亡的存在无时无刻不在提醒我们，嘿，伙计，你的生活并不像你看起来的那样牢不可破，死神只要手轻轻一指，就足以搅动和端掉你所有世俗生活中的美好！

对于死亡宿命，海德格尔在《存在与时间》一书也有过非常透彻的论述，他认为"死作为一种可能性，一方面是存在之根本不可能的可能性，它不给个人以任何可以实现的东西，随时会使个人一切想要从事的行为变得根本不可能；另一方面又是最本己的、无关涉的、不可超过而又确实的可能性，任何个人都不能逃脱一死，而死总只是自己的死……"

中国古时有"人生五福说"，"五福说"源于《尚书·洪范》篇，经典中记载的五福是"寿、富、康宁、攸好德、考终命（善终）"，①五福是传统中国人长久以来向往的尘世幸福之极致，相信红尘中人，没有一个人不希望遇到这五种集结的人生幸福。"长寿、富贵、康宁、好的德行、生命的善终"，"五福"中的每一福都是世人希望拥有的东西（当然，好的德行可能未必），其中，"长寿、生命的善终"更是由于死亡的存在而显得弥足珍贵和格外重要。同样在《尚书·洪范》中也提到了六种"人

① 《尚书·洪范》："五福：一曰寿，二曰富，三曰康宁，四曰攸好德，五曰考终命。六极：一曰凶、短、折，二曰疾，三曰忧，四曰贫，五曰恶，六曰弱。"

生不幸"，而"短命夭折、疾病"是排在前两位的。如果死亡不可避免，那么健康无虞，长寿善终，亦可谓善莫大焉，而尘世的幸福、安康则可以让死亡的恐怖性暂时遮掩起来。如若人的一生德行美好、行善无数，甚至直达圣境，那么他的死亡就不再是生物学意义上的事情，而是事关意义、传奇、教化等，甚至是标注个人在人类历史与精神价值丰碑上的明证和永恒印迹。

当我们拉开人生的大幕，发现死亡与人生相伴而行时，我们会发现人类的生命是如此脆弱、如此险象环生，以至于经不起任何疾风暴雨般的摧残，这就是人类与生俱来的命运，我们有着世间所有生灵同样的生死大限，却没有被赋予荒野生物"春风吹又生"般的特殊生命力，更没有被赋予野兽般适应恶劣自然环境的强大本能，人类需要群居生活，需要通过自己的智慧，更需要精神力量的支撑。当人意识到自己会死，这的确是一个可怕的开端！而这种意识是人所独有的，死亡意识加剧了死亡恐惧，它把人逼向墙角，让人承认死亡的存在。死亡是可怕的宿命，它的"造访"充满着不确定性，人虽然知晓死亡结局无可奈何，但是面对死亡结局的方式却常常令人动容，比如，人在知道自己必死无疑的情况下，仍有"人之将死，其言也善"的举动，亦有人仍然能够无所畏惧、视死如归，甚至有人选择死亡、坦然赴死。从这些角度出发，人类死亡就已经不再是一个可怕的结局这么简单的事情了，它更多地显现出会死的人类存在的特殊意义及其尊严和价值。

当人意识到自己会死，且不可避免、无可逆转时，人对死亡的恐惧就油然而生了。生活中，"贪生怕死"通常被认为是丢脸的事，因此，人对尚未到来的死亡提前感到害怕、恐惧，也被认为不是那么光彩的事情，甚至有些人认为完全不应该这样。历史上不少哲人对人们无端产生死亡恐惧曾有过尖酸刻薄的讽刺，或者不怀好意的嘲笑，说怕死是愚蠢的事情，是可耻的事情等。

伊壁鸠鲁认为"死亡对于我们是无足轻重的，因为当我们存在时，死亡还没有来到；而当死亡来临时，我们已经不存在了，因此，死亡对于生者和死者都不相干：因为对于生者来说，死亡是不存在的，对于死者来说，他不存在了，死亡就更不相关了"。历史上把怕死视为人生大敌或个中迷局的人多如牛毛，但是，这些蔑视死亡恐惧或者嘲笑人们害怕死亡的大人物颇有些"不知死活"。卢梭认为人都会怕死，恰恰是因为人害怕死亡，有对死亡的预知和恐惧，所以人在面对死亡时才会本能地避开一些生存危险，甚至生发出许多其他物类所没有的创造力与光芒四射的精神力量。怕死并不是什么见不得人的事情，人们需要为"怕死"正名，正视"怕死"心态，而不知死活才是真的愚蠢，对死亡有所恐惧正是人类精神焕发生机的绝佳时机。

心理学家弗洛伊德晚年的理论认为，死亡恐惧是人类与生俱来的本能，即死亡本能，它与性欲求等生命本能并列。存在主义哲学家更是把死亡恐惧、死亡焦虑的自觉当成人类自我觉醒、发现生命意义、领悟存在价值的绝佳时机。佛教教义更是把"了却生死、无有恐怖"当成是他们修行解脱的终极追求。也就是说，当有人在嘲笑人们害怕死亡时，有更多的思想家与宗教学家却在认真地思考怕死、如何面对怕死的问题，甚至把死亡和怕死当成人类庄严人生的第一宗待办大事。

当人们知晓死亡不可避免、不可逆转，与人生相伴的死亡随时可能降临——死神一旦降临，人就可能不复存在，当这些关于死亡的念想结伴而来的时候，人怎么可能不感到恐惧、担忧、害怕呢？人生在世，有多少人世繁华还没有体会过，有多少未竟的事业尚待完成，还有多少令人贪恋的人间美好尚未品鉴……即便人生的各种事情都已然体验、完全处理妥当，人生的旅途已趋向圆满和谐；然而，长生不死的愿望或者"再活五百年"的宏愿仍然可能不时地涌上人的心头。与人世的各种繁华相比，死亡要降临的事实很容易让人产生太多联想和想象，天堂，地狱，极乐世界，神灵，鬼怪……

人生在世，要思索人死后去往何处实在比较困难，甚至超出人的能力，人死后具体去向也并不是那么一目了然，至少全世界各大宗教告诉人们人死了以后去往何处的答案都不甚相同。同时，人死了是否真的如物理主义者所说的"人死如灯灭",神形俱毁,也未曾可知,因为说这话的人生前都没有死过,也不曾知道死后如何。如此来看,人类如何可能不害怕"这一朝到来,乾坤巨变"的死亡结局呢?因此,我们认为,怕死并不是什么反常的问题,而是极其正常的人生困惑。这是人类死亡意识觉醒后必然会发生的事情,嘲笑还是尊重怕死现象,其实就是回避还是直面死亡的区别。

怕死未必是坏事,人怕死的时候才会真正对人生有所敬畏,因为恰恰在怕死的时候,人才会开始思考人生的终极问题,思考超越生死的大事情,这几乎是古今中外所有哲学家、思想家思考问题的起点。叔本华曾经说"死亡的困扰是每一种哲学的源头","死亡是真正激励哲学、给哲学以灵感的守护神"。要是人类没有认真思考过死亡,恐怕人类的精神世界要平庸得多。

二、为死亡做好准备

死亡是真正激励哲学、给哲学以灵感的守护神,或者也可以说是为哲学指明路向的引路者。正因为这样,苏格拉底给哲学所下的定义是:"为死亡所作的准备。"

——叔本华

(一)驱赶家中恶魔

人一出生,第一个学习场所就是家庭,离孩子最近的父母和其他监护人自然成了他们学习和模仿的对象,这几乎是人尽皆知的常识;但是,把家庭当成孩子的第一所学校、把父母当成孩子的第一任教师来看待,今天似乎并不太常见。人们总是想当然地把学校当成是孩子受教育的唯一的地方，把教师当成是教育孩子天经地义的责任人。实际上，当教师和学校成了教育的代名词后，人们已经不自觉地把教育人的责任全部推给教师和学校，孰不知，家庭教育对培养孩子的良好习惯、生活信念起着十分重要的作用。孩子在进入学校教育之前，他们就已经拥有了一些从家长那里模仿习得的习惯、语言、认知图式、待人接物等方式，孩子习得的这些东西直接来源于他们最亲近的人——家长。所以，哪怕家长没有很好地承担起教育孩子的责任，或者坚持认为教师才是教育孩子的真正责任人，但事实上，家长对孩子潜移默化的影响也是孩子人生上的第一课。家长是孩子的首任教师，不管家长是否意识到或承认。如果家长作为孩子的首任教师，没有给孩子上好人生的第一课，或者干脆放弃教育孩子的职责，那么，当孩子进入学校教育阶段，孩子糟糕的家庭教育必定会影响他们接下来接受学校教育的效果。古人云，"养不教，父之过"，只养不教，后果如何恐怕无须多言。当孩子在进入学校教育之前，最重要的素质恐怕要数孩子的行为习惯与语言方式了，这是孩子最容易学会、也是模仿起来最不费力的地方。然而，如果父母在行为习惯与语言方式上存在着重大缺陷，那么，复制到孩子身上的行为习惯与语言方式就必定问题丛生。

原生家庭对孩子一生影响巨大，孩子从家庭中获得的信息往往会影响他们的思维方式和人生信念，甚至无意中留下了错误的令孩子痛苦终生的阴影——错误的死亡教育就是其中最明显的问题，如果孩子遇到了死亡事件，比如，遇到家里人去世，或者孩子产生了死亡疑惑，而家长对孩子的态度总是闪躲、恐惧、迟疑，或者干脆回避、打压孩子，不让他们继续追问，那么可以想象，这种对待死亡的态度透露出来的就是对死亡的回避、害怕等情绪，这些无疑会在孩子内心中留下难以磨灭的印象，甚至在孩子心中制造出一个恐怖的死亡"巨兽"。

凌风是一名大学教师，她今年刚好三十出头，风华正茂。凌风平日里看起来阳光而独立，为人热情大方，深得朋友们认可。但是，凌风有一个大家都知道的小秘密，那就是她如果出差在外，一个人住宿的话，她从来都不敢关灯睡觉，因为她有严重的怕黑综合症。在陌生的环境，甚至在自己家里，她觉得如果关了灯，黑暗中似乎总有什么东西在盯着她，尽管她自己从来没有看到过什么。据说有一次，本来她开着灯睡着了，突然间雷雨大作，导致她所在的小区停电，她突然从睡梦中惊醒，醒来时她发现周围一片漆黑，顿时整个人吓得六神无主。怕黑的问题，凌风说她找过心理医生，但是，她的这个问题始终没有得到太多缓解。后来，她与研究死亡问题的专家闲聊，才发现原来她这个问题源自小时候家人对待死亡的态度对她的负面影响。

凌风说，她小时候经常听她奶奶和其他亲人给她讲鬼怪故事，而她听得入神时会被故事中的人物和事件吓得无法入睡，可是，当她陷入恐惧中时却没有人帮她缓解一下恐惧心情。凌风说，她始终记得有一个场景，有一次她跟父母去一栋老旧的房子，楼道里漆黑一片，父母在前面走，她跟在后面，但她总觉得黑暗中有点什么，她就跟父母说她害怕，但是她的父母却不予理会，一直往前走。

由于她之前总听到家人讲一些鬼怪故事，虽然她并不愿意听——因为鬼故事令她感到十分恐惧，但是她的家人却不断地跟她讲鬼故事，渲染死亡的恐怖，而且，有的故事还跟那栋旧楼有关系。那一次，她被彻底吓着了，从此以后，她开始对鬼神之事半信半疑，直到她长大成人。在学校教育中，她学到的知识告诉她，鬼神是不存在的；但是，在她家庭成员的信念中，鬼神不光存在，而且还很恐怖，所以，她一直处在犹豫矛盾之中，而怕黑则成了她害怕鬼神最直接的反应。也就是说，所谓怕黑，就是她怕黑暗中会有鬼神出没，她小时候从家人口中得到的信息是：一切可怕的事情都是在黑暗中发生的，而人死之后的鬼怪是最可怕的。

当凌风弄清了自己怕黑的原因之后，怕黑、怕鬼的问题似乎有所缓解，但是，她至今仍然不敢在陌生的环境中一个人关灯睡觉，这似乎成了一种习惯，一种难以改变的习惯。凌风的这种情况，在一些家庭中并不罕见，由于一些家长对死亡有着错误的理解，他们通过鬼怪故事或者回避死亡而影响孩子的死亡观念。这种情况或许并不是家长有意而为，凌风说她的家人对鬼神也是半信半疑，因为家人们并不知道死亡是怎么回事，当然更不知道鬼是怎么回事了，所以当家人回答不了小凌风提出的问题时，总是打断她的问题，不让她继续问下去。回避死亡，绝口不提死亡，这是许多家庭常见的对待死亡的态度。而拒绝死亡问题，回避或者转移死亡话题，也并不是什么新鲜奇怪的事情，因为对于许多家长来说，他们自己也不清楚死亡究竟是怎么回事，也不知道该怎么面对死亡，因此，承受着死亡恐惧的家长听到来自孩子的死亡提问时，比如，"我会死吗""爷爷死了吗"等问题时，多半只能回避或者打断。研究表明：孩子的死亡疑惑并不会因为家长的回避而停止；恰恰相反，孩子会从大人的态度中读出恐惧、害怕等情绪，并通过自己的想象构思出一些非常恐怖的画面，而这些可怕的场景正是孩子日后许多心理疾病的源头，就像凌风的问题一样，她对黑暗的恐惧实际上是对夜晚中鬼怪出没的死亡具像化的恐惧。

死亡问题，几乎所有家庭都对它敬而远之，或者回避，或者简单粗暴地对待，由于父母也不知道死亡为何物，不知道如何面对死亡，死亡就成了许多家庭的禁忌，家中免谈死亡，不让孩子接触与死亡相关的事情成了最拙劣、最便捷的家庭"生死教育"。但是，这种方式并不能改变孩子对死亡的好奇和恐惧，孩子的死亡恐惧只会被暂时打压下去，成为日后严重的心理问题源头。因此，打破家中不谈死亡和免谈死亡的禁忌，不给孩子讲述令他们感到恐惧不安的鬼怪故事，是家庭中生死教育特别需要注意的事情。也就是说，家长要主动回应孩子的死亡困惑，而不是回避或胡乱应付孩子的问题，尤其不能人为地制造恐怖景象，妖魔化死亡，从而误导孩子、伤害孩子。

诚实是面对孩子死亡困惑的第一件重要法宝。许多家长不知道死亡是怎么回事，但这并不是丢人的事，家长们一定不要假装知道或强作镇定，或者通过讲述各种无厘头的鬼怪故事来缓解死亡恐惧，从而给孩子带来负面影响，这只会加重孩子的死亡困惑和恐惧心理。因为世上从来没有人真正死过，所以没有人可以宣称完全参透了死亡的本质和真相。我们在面对死亡时，只能谦虚地告诉孩子一些我们知道的事情，至于不知道的事情最好不要乱说，我们要敢于承认自己的无知。比如，有的孩子问他们会不会死，虽然真相很残酷，但是我们还是要告诉他们，是人就会死，父母、亲人都会死，你也会死。孩子问"死了的人去哪了"，如果是没有宗教信仰的人，可以告诉他们"我们也不知道去哪了"，或者说"大概死了的人去了很远的地方，并且不会回来了。"

对于死亡诸如此类的问题，父母必须诚实地回答给孩子，因为这样有利于缓解孩子的焦虑，否则，他们的死亡困惑一直都在，并不断折磨着他们。让孩子知道关于死亡的真相虽然看起来很残酷，但实际上这是一种健康的生死观教育。父母在面对孩子的死亡困惑，尤其是他们的死亡恐惧时，不要把它当成是一件奇怪的事情，而是要充分理解孩子因为害怕死亡而做出的各种举动，并且要陪伴他们，让他们有一种受到保护的安全感。孩子偶发的死亡恐惧，持续时间一般不会太长，因为他们可能触发其他兴趣点，从而转移注意力，因此，孩子一会儿怕死、一会儿又不再关注死亡，这十分正常，父母需要特别注意的就是，在孩子对死亡感到害怕的时候一定不要回避，不要走开，不要乱说，这对孩子的成长来说非常重要。

家庭中的生死教育，最难面对的问题就是孩子重要亲人的离开，因为这对于孩子来说打击很大，需要家长多花心思才可以帮助孩子度过丧亲之期。心理学家欧文·亚隆在研究儿童的死亡概念时发现，年龄相仿的孩子（尤其是兄弟姐妹）去世，以及父母去世，这两个方面的丧失对于孩子的冲击最大，因为这两种亲人的去世突破了孩子心中最初的死亡防御机制：年龄相仿的孩子去世，打破了孩子认为的只有年纪很大的人才会死亡的信念；父母去世，打破了孩子认为父母会一直保护自己、不会死亡的信念。这两个信念的突破会让孩子产生巨大的恐惧感和无助感。如果我们不能很好地帮助孩子疏导内心的困惑和恐惧，那么积压的心理问题会造成日后严重的心理以及生理问题。有研究称，许多精神病患者或者精神异常的人，一般都有兄弟姐妹去世或者父母亲去世，甚至两者兼而有之的情况，也就是说，人在小时候遭遇兄弟姐妹去世或者父母去世，这些创伤在很大程度上会导致人的精神疾病[①]。因此，如果这个研究结论有一定的普遍性，那么，它给父母的启示就是，必须重视丧亲或重大的死亡事件对孩子的心理影响，以防日后造成严重的精神问题。而家长可以做的事情就是增强孩子的安全感，不排斥孩子的死亡困惑，不要在孩子面前讲述吓人的鬼怪故事，并以此恐吓不听话的孩子，在家中制造恐怖的死亡气氛。

（二）打破学校禁区

死亡，是哲学家、文学家热衷的主题，我们普通人对此往往讳莫如深。在我们所受的教育中，除了"生的伟大，死的光荣"这一英雄主义的死亡观以外，很少有关于死亡的教育。然而死亡又是我们每个人生命的终点，无论我们是否愿意，迟早有一天要遭遇它。而学会死亡，学会面对我们自己和他人的死亡，理应成为人生中重要的功课[②]。

家庭对孩子的影响毋庸置疑，孩子从家庭中获得的生死信念会直接带到学校，而学校教育是一个人一生中最重要的受教育经历。学校教育是否涉及生死问题，会极大地影响着学生对待生死的态度。但是很遗憾，学校开展生死教育、把生死教育当成学生重要的学习内容，这已经是20世纪中晚期的事情了。

---

① 〔美〕欧文·亚隆.存在主义心理治疗［M］.黄峥，张怡玲，沈东郁译.北京：商务印书馆，2015：112.

② 查尔斯·科尔等.死亡课：关于死亡、临终和丧亲之痛［M］.榕励译.北京：中国人民大学出版社，2011.

　　这股"生死教育"潮流源自西方的死亡教育以及死亡学研究，中国台湾地区20世纪末接受了西方的死亡教育、死亡学，并通过生命教育、生死学给学生补上了生死教育的课程，可是，这只是中国学校生死教育的开始，在中国内地，至今没有在国民教育中加入生死教育内容。虽然生命教育研究和教学在内地学界已经拉开大幕，一些教师也在各类学校开始讲授生命教育相关课程，但是生死教育、死亡教育仍然属于比较小众的学科，可谓任重而道远。

　　当然，内地也有少数高校的教师坚持开设生死教育课程，比如山东大学的王云岭教授在医学院开设了"生死教育与死亡文化"课程，广州大学的胡宜安教授开设了"生死学"课程，《中国青年报》的陆晓娅老师在北京师范大学开设了"影像中的生死学"等，他们以生命教育及生死学作为桥梁，开启"生死教育"的大幕。但是，仅凭少数几位老师的力量，仍然显得势单力薄。

　　20世纪末，武汉大学的段德智教授开设了"死亡哲学"课程，并出版了《西方死亡哲学》，段先生可谓开一时之先风，其课程和专著也风靡一时。时至今日，仍有不少老师在开设死亡哲学、生死哲学等课程。

　　从20世纪末到今天，中国内地的"死亡研究"热潮虽然几乎与中国台湾地区同步同时，但是，当傅伟勋先生创立的生死学成为台湾南华大学等台湾高校的热门专业和招生学科时，当台湾地区的生命教育、生死教育纳入民众正规的教育体系时，内地的生死学、生死教育仍然还是少数学者艰难支撑的个人学术事业，既没有学科支撑，也没有专业支持。同样过去了二三十年，相对中国港澳台地区，内地的"生死教育"仍然处于艰难的草创阶段，没有得到各方应有的重视，这样的后果是显而易见的，学生在学校遇到与死亡有关的疑惑和心理问题时无人解答，直接演化成了难以承受的社会问题。

　　生死教育缺位，是当前中国学校教育应该关注的事情，也是社会应该关注的事情。学生从小到大接受教育，包括了全部正统教育，小学、中学、大学、研究生，但对于绝大多数学生来说，教师们在课堂上从不谈论死亡问题，学校也没有专门的生死教育课程。纵观中外历史，对比国内外死亡教育经验，生死教育都应被认为是国民教育体系中的重要内容。尤其值得一提的是，当今发达国家和地区的死亡教育已经成为其国民教育体系的一部分，从幼儿园一直到大学都有相应的生死教育师资和专门课程，甚至连社区、社会组织也有相应的死亡教育项目，各类专门的研究人员、研究机构、行业学会等已经成为生死教育的主力军。因此，当人们遇到相应的死亡困惑，能够比较容易地找到相应的专业机构和方式方法来解决问题。反观当今中国内地的情形，我们不光国民教育中死亡教育阙如，甚至连专门的研究机构和研究组织都鲜有，死亡专业研究游离于主流学术研究之外，学界对于民众的死亡问题介入十分有限。这使得孩子从小到大、从家庭到学校、从学校教育到社会教育、从主流价值观到个人信仰，对于死亡的学习和认知就非常有限。这就是为什么有的人看起来受过良好的学历教育，但是他们对于死亡问题的认知仍然十分肤浅，甚至有些可笑的原因。

从发达国家和地区的生死教育经验来看，无论当前中国社会对死亡问题的排斥有多么严重，人们对生死教育的接受程度有多么低，中国未来必须要补齐学校的生死教育课程之短板，这几乎是可以预见的事情。死亡这么重大的问题，如果没有专门的课程进行讲解，没有家庭教育的良好熏陶，那么，人们的生死困惑将无法得到解决。因此，作为最重要的死亡准备方式，学校教育必须尽早开设生死教育通识课程，国家教育部门必须明确把生死教育纳入到国民教育体系当中。面对不同年龄段的学生，应当开设不同层次的生死教育课程，把生死教育纳入到常规的教育教学当中。

值得注意的是，当前一些医学与教育学领域的专业人士，他们对待生死教育的态度也令人大为不解，有的人认为开设生死教育课程没有意义，有的人认为生死问题不能教育，对于这些人来说，他们所持的观点与起到的负面作用极大地影响了生死教育的普及与推广。对于持这种观点的人们来说，他们并不清楚生死教育不光可以教，而且有效的生死教育会直接影响医生、护士、教育工作者等群体对待他人他物的态度，甚至可以从根本上改变人们的人生信条、行为模式、生活态度等。美国学者 Bensley 在 1975 年论述死亡教育的意义时就认为，"死亡教育是一个探讨生死关系的教学历程，这个历程包含了文化、宗教对死亡及濒死的看法与态度，希望借着对死亡课题的讨论，使学习者更加珍惜生命、欣赏生命，并将这种态度反映在日常生活中"，也就是说，生死教育可以让人更加珍惜生命，更加积极地生活，并学会懂得欣赏自我和他人，学会与人为善。

生死教育缺位与回避死亡现象，导致了人们对于死亡的认知严重不足，而对死亡的回避和禁忌等情形，进一步阻碍了人们深入认识死亡背后各种复杂的观念体系。人类自古以来就形成了不少关于死亡的观念体系，不同的宗教信仰、不同的哲学思想、不同的文化系统，对于死亡的看法各不相同，每一种观念体系都蕴含着一系列关于人们生前死后、死亡过程、死亡意义等的看法，这些看法尽管不同，或不同的人们会有不同的判定，甚至有时出现相互冲突的情形，但是，任何一种观念系统都是安顿人类死亡的方式之一。本来按照正常的情形来看，人从小就应该接受一定的生死观念，并在日后的教育中不断地深化，直至生死信念成为人生活的一部分。这样一来，当人再遇到生死困惑的时候，就自然能从原有的教育资源中找到相应的观念支持，从而从容地应对和化解相应的生死困惑，即便原有观念面对新的情况时仍有欠缺，但是，它仍然会给人们提供反思的基础和前行的线索、道路，从而形成真正的死亡信念、生死信仰。这时候，人们的死亡观念就不再容易受到挑战，它赋予的见识和力量就足以支持人们在死亡面前坦然面对，从此，死亡焦虑、死亡恐惧也就不会对人们构成压倒性的威胁了。所以，学校的生死教育需要承担起基本的教育使命，把人们从小就开始形成的死亡认知、死亡信念进行引导和丰富，促使其形成系统的生死观念。这是人们日后化解和应对死亡问题的长效机制和必由之路，学校提供的生死教育可以帮助人们为死亡做好全面的准备，以便迎接更好的生活。总之，打破学校不谈死

亡、不教死亡知识的禁区，全面引进生死教育内容，是当前生死教育最
迫切的事情。

（三）重建社会礼俗

> 礼者，谨于治生死者也。生，人之始也；死，人之终也。终始
> 俱善，人道毕矣。故君子敬始而慎终，终始如一，是君子之道，礼
> 义之文也。
>
> ——《荀子·礼论》

人死不能复生，人的自然生命一旦失去就再无生还的机会，死亡从
古至今都是人类社会的大事，无论是对已死之人，还是对死者周围的生
者，人们通过各种方式一方面告慰亡灵，一方面安抚生者的情志，人类
历史上出现的各类丧葬礼仪正是安顿人的死亡的象征形式，它们构成了
人类文明的重要组成部分。人通过葬礼向逝者告别，给生者以抚慰和安
顿，在人们参与丧事料理的过程中，每个人几乎都会受到死亡的触动，
乃至受到深刻的教益，死亡如果是人的生命修行和品质提升的老师，那
么丧葬之礼就是人接受死亡这位老师教诲的绝佳机会和重要的场合。一
场有意义、有内涵的葬礼，无疑是人们自我教化的课堂，人们在参与葬
礼的过程中了解死亡、理解生死、预演生命历程，葬礼既是人们送别逝
者的机会，又是疏导和凝聚人心的场合，更是塑造社会风气和民众价值
观念的重要契机。以葬礼为代表的社会礼仪风俗是一个文明社会善待生
命、尊重死亡、安抚世道人心的重要体现，也是人们在完成家庭教育与
学校教育之后，成为一个独立的社会人应该遵循的基本礼制规范。

中国自古就有"礼仪三百，威仪三千"的说法，礼仪之邦的美名曾
经令国人感到无比自豪。儒家经典《礼记》更是记录了中国古代各种各
样的礼节、规范、秩序、条目等，中国古代的礼文化可谓事无巨细、包
罗万象。然而，自中国近代以来，繁文缛节、尊卑贵贱、等级秩序等思

想或观念逐渐退出了历史舞台，同时，随同它一起消失的还有中国古代流传下来的安顿国人日常起居、人伦日常的生活方式，其中改变最为彻底的就是丧葬仪式——对葬礼的简化，在当今一些地方，人死之后如何礼遇、应对竟成了一件无所适从的事情。城市中的送别仪式现在就只剩下告别时的三鞠躬，现代的丧祭之礼，无论在告别仪式，还是在吊唁方式，抑或是遗体处理方式、下葬过程等，与传统大不相同。然而，在日本、韩国、马来西亚等，这些国家的现代葬礼多少还都受我国传统儒家文化影响，尽管他们调整了一些具体条目，并且进行了现代性改造，比如使之精细化、产业化、流程化，甚至个性化，但是，总体上是从中国传统儒家文化中脱胎而出的。历史上中国传统儒家文化影响了亚洲不少国家、地区和人们，他们今天的葬礼流程、告别方式令人感到熟悉、震惊，甚至羡慕，而曾几何时，我们自己创造的文化形态反而花果飘零。如今，我们不得不做的事情是：多向他们学习，学习如何安顿死去的人，用一种更文明、更有意义、更富尊严的方式去送别我们的亲人朋友、同胞兄弟。

在今天，丧葬礼俗的问题不是厚葬或者薄葬的问题，也不是人死之后唯物或唯灵的问题，而是生命的尊严、死亡的尊严要受到重视的问题。草草地处理遗体，匆匆地与逝者告别，无暇顾及逝者的尊严，竟成了能够忍受的事情。当人们不能认真地对待逝者，也不愿意花心思去送别逝者，甚至对死者避之唯恐不及，视人与万物无别时，可以想象：每一位将要逝去的生命都可能不值得尊重，每一个来人世走一趟的生灵最终如同草木，人生的终极意义能在哪里体现？

中国传统儒家倡言"礼乐教化"，"教化"在今天看来实际上是人类自我文明化的一种努力，而礼乐是其中不可或缺的两个部分。传统的礼乐文化及其精神价值对于当今中国人的精神安顿仍然有着重要的作用，尤其是人死之后，如何与逝者告别，如何制订一系列文明而清晰的丧葬礼仪，这已经不是什么值得争论的事情，而是一种必要。放眼当今世界任何文明的国家和民族，我们都可以看到隆重的葬礼、庄严肃穆的送别场面、感人至深的告别情景，这种礼节与庄严背后是对所有人的尊重，对亡灵的告慰，对在生之人的安顿，对人世之情的赞美，对人类命运的礼赞。总而言之，文明丧礼的缺失透露的是今人对待生命的不尊重态度。

曾经听一位殡葬业的朋友说起一个现象：在许多殡仪馆的送别情景中，总能看到一些送别的人嚎啕大哭、呼天抢地，可是在送别之后，当悲伤暂时停止，人们聚在一起时，他们聊得最多的、比较一致的看法是"人活着真没有意思，死了最终不过一捧灰"。我们大概能想象出，这些人面对死亡时的触目惊心、惊慌失措，他们的哭声中虽然有对逝者的不舍、悲痛，但是，也可以看出死亡"突围"进人们的日常生活是一件多么具有冲击力的事情。这些情绪崩溃的人并不知道如何面对死亡、悲伤和丧失，他们或许根本没有想过死亡，也不清楚死亡意味着什么，所以，他们面对亲人朋友死亡的方式只有失控的情绪、被死亡剥夺掉的虚无感，而全然没有庄严神圣感。这些人一离开殡仪馆，或许会立刻忘掉之前的失声痛哭以及那可怕的死亡，并开始迫不及待地投入到琐碎的日常生活中，但是，当下一次再遭遇类似的情形时，他们仍然会以同样的方式和感受应对死亡，而死亡的教益与丧葬仪式的意义并没有走进他们的生活、生命。

通常，人最难面对的事情就是死亡带来的人情撕裂。当死亡带走了亲朋好友、师长同辈，直至最终带走自己，这一系列变故带来的冲击是：死亡损毁了情感所依附的现实对象，它让人情的另一头落了空，无处安放，这大概就是人类遭遇死亡时悲痛难耐、无法自已的原因。死亡的突然造访，会抽离人现实人情安放的处所、对象、依凭，让人一时陷入了无法安放身心的境地。所以，死亡带来的悲伤与空缺需要一种方式、一个时间段来排遣和消化，否则，积压的情绪、情感会让人难以承受，甚至造成严重的生命创伤、疾病，直至新的死亡。人类或许很早就明白了这个道理，所以当人去世以后，还活着的人会通过一些特定的仪式来与之告别，这自然就成了很好的安抚世道人情的方式，后来这种方式就演变成世界上各民族人们都熟悉的丧礼。正是因为丧葬礼仪的出现，它让人们面对死亡带来的人情冲击上有一种缓冲机制，葬礼既有对逝者的安顿，又有告慰亡灵的意思。同时，葬礼还有对生者的安抚和教育，在人情上给参与葬礼的人们提供了一个很好的宣泄途径和抚慰机制。如果与逝去的至亲好友告别是人的一生中非常重要的事情，那么，以一种庄严、诚挚、适宜的方式告别，办一个庄严肃穆的追悼会，举行一个隆重的葬礼，策划一个富有教益的告别仪式，就不是什么闲事、多余之事、奢侈之事，所以不应当草草了事，而是要郑重其事、庄严肃穆，最好亲朋环绕，大家一同来追思、回忆、悼念、礼赞逝者的嘉言善行，一生事迹，甚至一同来讲述故去之人的人生故事、生活片断、轶闻趣事等。大人物逝世，其德行功业伟岸者，当举国追思哀悼，歌功颂德；普通人去世，亲朋好友、邻里故旧、同事同僚，也应当聚集为之送别，回忆一起生活、一起工作、一起共事的生活点滴，即便是普通人，他们不平凡的一面在此时也要得以挖掘、表彰，如有泽及子孙、流传后世的事迹，更应值得人们用心发掘和传扬。

中国传统社会形成的礼仪、礼制、礼法虽然已经不在，但是当今中国人仍然要面对生、老、病、死、葬的生命历程，一个人一生中最基本的成人礼、婚礼、葬礼，这些主要礼仪仍然需要，它们都需要重新加以塑造和重建。这既是社会性的生死安顿体系，也是当今国人对生命终点的终极期待。人如何在传统礼制社会崩塌、现代化的生活方式普遍形成的时候，构建起新的礼乐生活，是生活文明化的一个自然倾向和要求。丧葬之礼的重构与设计就是现代人面对新的生活方式体现文明、富有新时代特征的一项迫在眉睫的工作。

面对死亡，人是需要人情的抚慰和安顿的。所有人的生命都是至高无上的，都应当受到尊重，逝者的人格需要得到生者的尊重和肯定，生者的情感需要通过丧葬礼仪的方式得到表达、宣泄和抚慰。因此，哪怕人们对逝者的"去向判断"完全不同，哪怕人们对死亡的理解差异再大，在人情上向与我们关心的人告别，向我们自己的过往情感、经历告别，是融入新生活的一个契机。从死亡教育的立场来看，葬礼对于参加的人们来说，它起到的教育效果是非常明显的，那些参加过葬礼的人和没有参加过的人面对死亡的态度，以及对待生命的态度会有差异。

因此，无论是大人物的葬礼，还是普通人的告别仪式，在葬礼方面，人们为了逝者而聚在一起，纪念和礼赞逝者——共同的关切对象，相似的情感认同，最后一程的在场和相互陪伴，这一切都足以让参与葬礼的人们更深切地体会到共同体、族群、家国天下的真实存在。与逝者告别，举办情真意切的告别仪式或者举行庄严肃穆的葬礼，实际上对现实社会有着整合融通的效应；为逝者举办葬礼，同时也是让生者在此之际紧密地联系起来，共同应对死亡，感受生命的可贵。

社会礼俗是一个社会长期以来形成和积淀下来的人类文化形态和生活方式，从国家的制度设计、法律体系、道德规范、礼仪节庆，到民间的风俗习惯、乡规民约、婚丧嫁娶等，都是人类社会文明的体现，也是人类自我安顿与自我教化的根据。人类就是在这样的文化形态中安身立命，并区分出人类与其他物种的不同之处。中国社会自近代以来，一直处在现代化的转型当中，由于原来的社会结构发生改变，建立在原来社会基础之上的社会礼俗受到了人们的激烈批评，尤其是原来的生死安顿体系（比如丧葬礼俗）受到严重破坏。

因此，今天中国社会需要重新塑造和建构新的社会礼俗，一方面这是中国社会文化建设与民族振兴的使命所然；另一方面也是当前中国社会生死问题安顿体系不断文明化的需要。简言之，每个人在生死问题上不光需要家庭教育、学校教育，培养良好的习惯、信念、认知等，还需要有社会性的生死文化习俗作为准备和滋养，从而全面地安顿人的生死问题，这是社会礼俗的重要性。礼是礼节、礼貌、礼仪，俗是民俗、习俗、风俗等，这些看得见、摸得着的与个人生活息息相关的礼俗是人类为死亡准备做的最后努力。一个社会只有形成了相对完整一致且被社会成员普遍接受的社会礼俗，社会成员才可能在其中安顿生死，才会有死得其所、心安理得的感受。

第三章

死亡恐惧

死亡是如此令人感到恐惧，人们害怕死亡的现象十分普遍，也相当正常。当人们突然遭遇死亡事件或者想象未来自己和他人的死亡，这的确是件让人十分不适、反感甚至恐慌的事情。人们刻意回避死亡，日常生活中禁止谈论死亡，并把自己用各种无关紧要的东西包裹起来，貌似这样就安全了，这样就不会遭到死亡的打扰了，其实不然。人类文明自从其出现开始，一旦萌生了明确的死亡意识，死亡恐惧就会疯狂地在内心生长，并如潮水般地涌向心头，直至让人颤栗，无处容身。因此，人们对死亡的回避以及转移和转化内心的死亡恐惧就成了人们苦心孤诣要处理的一桩人生大事，由此便形成了宗教、艺术、哲学等各种克服死亡恐惧、化解死亡威胁的文化形态与生活习俗。

人类与动物不同，人类对死亡恐惧的安抚需要借助社会群体的力量与精神文化的帮助。在人类文化的装饰和升华之下，人对死亡不再如同大自然的物类一般生生灭灭，而是具有了特殊含义与特定价值的文化形态，从而形成保护人类终极生命的关怀性堡垒。人类面对死亡和反抗死亡宿命所取得的成就，正是人类引以为豪、无比珍贵的价值体系，在那里，人可以不死，人可以永垂不朽，人还可以重获新生，乃至凤凰涅槃。

一、拒斥死亡

德国哲学家海德格尔曾对现代人的存在问题有过深刻反思。他认为，现代人的一大致命毛病就是"忘记了人是一个有死的存在物"。人类不知从何时开始已经不愿意承认人是会死的这个事实，也不再愿意从死亡中汲取教益。简言之，人类的狂妄自大在拒斥死亡这个问题上已经变得不可理喻。不过，人类否定死亡、拒绝接受死亡的现象自古以来皆有，有人甚至认为否定死亡、拒绝死亡命运还是有意义的。在他们看来，首先，拒斥死亡在一定意义上使得人类对死亡的焦虑变得不那么致命，从而可以让人类安心地繁衍生息；其次，只有从根本上否定死亡，人类才可能创造出宗教等其他人类文化形态，从而让人的精神世界有了"着落"。尽管如此，我们今天仍然不能理所当然地认为拒斥死亡就是无可厚非的，尤其在现代社会，在人的死亡问题已经被工业化过度处理、死亡事件人为地隔离起来的时代背景之下。

当今之世，人死之后，人们通常只与医院、太平间、火葬场、墓园等与死亡相关的专业人员"打交道"，个体的死亡离活着的人日常生活越来越远，在工业化和程序化的处理之下，大多数普通人都已经无法知道死亡是怎么回事，与死亡相关的直观经验都被人为地抽离出生活世界。由于否认、排斥和拒绝死亡，人的死亡作为一件陌生的事整个地被"驱赶"出了日常生活，普通人与死亡事件几乎完全隔离开来，这种情形无疑加剧了死亡的神秘感和可怕性，使得人们对死亡的恐惧与排斥与日俱增。

（一）死亡防御机制

诚如罗素所言，人类正是因为害怕死亡，所以很自然地产生了永生的思想。人类害怕死亡并不是今天人们特有的现象，而是自人类产生了意识以来就有之事。人类不光怕死，而且，为了抵御内心对死亡的恐惧，还建立起了一系列死亡防御机制。其中，最重要的手段就是拒斥死亡。拒斥死亡是最廉价也是最直接的方式，一方面人们通过各种思想观念来克服死亡恐惧；另一方面还通过生活习惯和社会礼俗来消弭生死困惑。

美国学者贝克尔曾写过一本叫《拒斥死亡》①的书，他在书中说：世界令人恐惧，人类生活在世界中，人的生物性需要必须控制基本焦虑，从根本上说，人类有拒斥死亡恐惧的需要，这是人类行为的基本动机。由于死亡恐惧难以排遣，压倒一切，因此，人类就通过压抑或英雄主义的方式，试图让它保持在无意识状态。贝克尔认为，人类生存处境的基本事实就是要不断面对死亡、不断排斥死亡。换言之，在他看来，人类自远古以来就试图不断改变生存环境，使之变得更加安全，并不断回应死亡恐惧和和化解死亡焦虑。围绕压抑和排遣死亡恐惧这个难题，人们在正常情况下四处奔忙，不断改善生存环境，人们从未相信自己会死去，甚至企图把握和控制死亡。一个人可能会说他知道自己终有一死，但实际上他并不在意死亡或者心底里从未相信过这一点。他所有的表现都是为了更好地拒绝死亡，不让死亡恐惧冲破心理防线，搅扰幻想出来的没有死亡的生活。也就是说，拒斥死亡，首先需要在思想上建立起一套心理防线，控制死亡恐惧的侵扰。

人类梦想长生不死古已有之，永生的思想在全世界各民族中都可以找到相应的痕迹，像古代埃及人那样风干遗体、建造金字塔，可谓是跟死亡搏斗的杰出作品；而关于灵魂不朽、"六道轮回"、长生不老的宗教信念，则试图讲述一个关于人类永生不死的美好故事。中国的道教信徒长期以来对生命长生久视、超凡脱俗、羽化登仙的期许，可谓是人类意图在此岸世界实现不朽的天才构想。诸如此类的信念和理想，人类历史上出现过的类型可谓林林总总，不一而足，然而，无论是哪一种类型，都在试图追寻长生、永生的梦想。对于人类为什么要追求长生、永生，恐怕原因再简单不过了：因为有死亡，所以害怕死亡。倘若这个世界没有死亡，恐怕就没有人会向往永生，当然也就无所谓害怕死亡了。正是

---

① 《拒斥死亡》是美国学者恩斯特·贝克尔的著作，它论述了人类拒斥死亡的原因、方式以及效果等。作者认为人类需要控制威胁人们生存的基本焦虑，尤其需要拒斥对人类造成毁灭的死亡恐惧，因而，为了战胜压倒性的死亡恐惧，人们必须压抑死亡恐惧，把它保持在无意识状态，从而维持正常生活。（〔美〕恩斯特·贝克尔.拒斥死亡〔M〕.林和生译.北京：华夏出版社，2000.）

人们试图说服自己相信已经找到了超越死亡的办法，人类可以实现肉身不朽或者肉体之外的灵魂永生，因此，永生的"信徒们"一下子释然了，在他们看来，死亡不再可怕，因为死亡已经被人们驱逐出生命的世界了，这就是永生观念为何可以帮助人们克服死亡恐惧的原因。当然，我们在永生思想中也能够清楚地看出一个重要的特征——拒不承认死亡是对生命的终极性毁灭，就像俗语说的那样，人死了，不过就是"十八年后，又是一条好汉"，"信徒们"相信永生或不朽的观念，即他们相信生命是永恒相续的，而死亡是暂时的。在这种思想之下，人类通过拒斥死亡，非常成功地绕过了死亡最恐怖的地方，即终极毁灭，生死的贯通和相互转换使得死亡不再那么让人感到恐惧。

　　不过，迄今为止，人类还没有实现长生不死，永生还只是一些科学家和少数狂热分子的远大理想。人类试图通过长生不老、肉身不死来解决人的死亡问题，这种努力和尝试在神仙故事、养生辟谷以及神功丹药等方法中几乎全都破灭了。当今之世，科学的昌明、生物医学的发展，使得人类以为可以重新审视永生不死的难题，通过现代科学技术让人类在肉身长存上实现永生不死，从而一举解决人类的死亡问题。可是，这似乎又是一个新时代的神话故事，而且，这个故事的版本和软件配置可能更低，因为它只注重保持人类的肉身长存，而人类最重要的精神部分则难以顾及。现今，虽然不再像古埃及人那样把死去的人做成木乃伊，但是让人类肉身保持不腐这一点，似乎并没有超出埃及人太远。新世纪的不朽故事，虽然披上了科学的外衣，但是科学技术却难以向"信徒们"提供永生不死的信念体系。人们无比困惑的是，死人即便可以通过冷冻技术在未来世界再次苏醒，但是那个世界是什么样的，还是我们的世界吗？我们在未来还可以活过来吗？科学技术在当今世界虽然被一些人神化，被人奉若神明，似乎科学技术无所不能，但是，科学技术终究不是神话，它扮演不了全知全能的上帝角色。

　　人类在思想上构建出一系列死亡防御机制，永生思想是一个非常典型的例子。但是，人类对死亡的防御机制并不仅仅局限于永生思想。人类还发明了许多别的思想观念，它们一样有防御死亡威胁的效果，比如，有人认为人类作为万物之灵具有独特性，不应该被死亡长期困扰；再比如有些悲剧思想家、英雄主义思想信仰者等，这些人在他们持有的信念下可以在一定程度上抵御死亡恐惧的侵袭，他们的思想和信条可以成为人类防御死亡攻击的重要武器。但思想上的死亡防线是人类所特有的，它为人类拒斥死亡提供了理性的解释。人类除了思想上的死亡防线之外，还构建了一系列跟现实生活息息相关的死亡文化系统，这就是人类日常生活中更加细致的死亡防御机制，它具体表现在与人类死亡相关的生活习惯、礼仪规范、社会风俗等方面。

人类自诞生之日起，除了自然生命形态之外，还是以文化形态存在的物种，人类的死亡与其他生物的死亡除了生理意义上的类似之外，更多的时候是截然不同的，尤其是人死之后，人们需要在特定的文化形态中进行安顿，从而把人与其他生物区别开来，中国古代思想家孟子在回应墨家"治丧以薄"的观点时，曾有过一次颇有启发的隔空对话：

> 墨者夷之，因徐辟而求见孟子。孟子曰："吾固愿见，今吾尚病；病愈，我且往见，夷子不来。"他日，又求见孟子。孟子曰："吾今则可以见矣。不直，则道不见，我且直之。吾闻夷子墨者；墨之治丧也，以薄为其道也；夷子思以易天下，岂以为非是而不贵也？然而夷子葬其亲厚，则是以所贱事亲也！"徐子以告夷子。夷子曰："儒者之道，古之人若保赤子，此言何谓也？之则以为爱无差等，施由亲始。"

> 徐子以告孟子，孟子曰："夫夷子，信以为人之亲其兄之子，为若亲其邻之赤子乎？彼有取尔也。赤子匍匐将入井，非赤子之罪也。且天之生物也，使之一本；而夷子二本故也。盖上世尝有不葬其亲者：其亲死，则举而委之于壑。他日过之，狐狸食之，蝇蚋姑嘬之。其颡有泚，睨而不视。夫泚也，非为人泚，中心达于面目。盖归，

反虆梩而掩之。掩之诚是也，则孝子仁人之掩其亲，亦必有道矣。"
徐子以告夷子。夷子怃然为间曰："命之矣！"[1]

在孟子看来，人类有不忍之心，亲人离世，其悲痛之情必定难掩，孝子仁人当尽心殓葬，而不是任其暴尸荒野而无所事事。孟子认为，对于人类来说，他人的死亡对于活着的人显然会造成情志上的困扰和伤害，人们若要诚心面对死去的人，表达自己的哀思，则必定会在殓葬上尽心竭力。孟子之说由此发展出一系列丧葬文化，即成了后世社会表达哀思和安抚人心的文化形态。也就是说，人类死亡不是单纯生理意义上的死亡，它更多的是一种文化和社会形态的死亡。孟子认为，如果人死之后像其他生物一样被人们随意丢弃，尸体被任意糟蹋，这是非常令人痛心的事情。实际上，人类创造的文化形态中，丧葬文化本就具有安定人心的效果和现实意义。因而，从广义上来说，人类的丧葬文化就是人类化解和抵御死亡恐惧的一种方式，具体来看：首先，良好的丧葬文化是对逝者的尊重和最后安顿；其次，好的丧礼对逝者亲属和朋友等有一种强大的心理镇定和安慰效果，因为它预示着假若有一天自己去世，我们将被同样对待，面对相似的处境。

（二）心理防线崩溃

美国精神病学家、死亡学家伊丽莎白·库伯勒·罗斯是一位经验丰富的人类临终问题研究专家，她在《论死亡和濒临死亡》（on Death and Dying）一书中记载了一个案例：有一位信仰坚定的基督教徒，她身患绝症，住进了医院。但这位病人遇到了另一位同样住进医院的无神论病人，二人之间发生了一场对信仰者影响深远的对话。

这位基督徒病人虽然很痛苦，即将面临死亡，但是，她坚信生病并不是什么坏事，生病住院应是神的旨意，认为这是神考验自己最后的时

---

[1]　出自《孟子·滕文公上》。

刻。因此，即便生病住院，危在旦夕，乃至医生告诉她可能会不久于人世了，女病人依然十分平和，她不断地诚心祷告，乞求上帝原谅。不过，她偶尔也会对死亡产生恐惧，内心产生波澜。

有一天，她遇到了那位无神论病人，这个病人是个十分坚定的无神论者，他用怀疑的观点跟女基督徒病友进行交流，他质疑女病人的上帝信仰，他坚定地告诉女病人：世界上根本没有上帝，没有神，神不过是人构想出来的。当这位无神论者抛出他的一系列看法时，基督徒病人震惊了，因为她是个虔诚的教徒，一生下来就受到家人信仰的影响，后来信了教，并从事过一段时间宗教服务，因此女病人从来没有怀疑过上帝信仰，上帝存在对她而言是很显然的事情，甚至无须怀疑，她更不曾想过这世界上到底有没有神的问题。可是，当无神论者质问她，如果上帝真的存在的话，那么他为什么还要让信奉他的人陷入痛苦的临终期呢？无神论病人告诉她说，如果真有上帝的话，是否也说明上帝根本就不爱世人，因为他总是任由人们陷入人世的痛苦而无法自拔。

当无神论者把他的观点全部讲给基督徒时，那位虔诚的基督徒女病人彻底为难了——她不知道为什么她要遭受这一切，为什么她热爱和崇拜的上帝没有在此时拯救她，尽管她一生都虔诚信奉上帝，小心谨慎地按照教会的要求生活，并为荣耀上帝而努力工作，服务他人。但现在，突然有人告诉她：根本没有上帝、没有神，她迷茫了。更可怕的是，当她意识到如果没有上帝，没有天堂，那么她死了以后该怎么办呢？之前她虽然偶尔也会对死亡感到恐惧，但是她一想到上帝，一想到死后就可以回到上帝怀抱，进入永远没有苦痛的天堂，永远摆脱病痛缠身的肉身，她就不再对死亡的临近感到害怕。

现在，这位无神论病人却告诉她，她相信的一切都不存在，她的世界是不真实的！这对于她来说是颠覆性的，这令她感到十分惊愕，甚至不知所措。其实，在此之前，她内心的恐惧和疑虑在严重的病症面前，尤其是在剧烈的疼痛来临时，内心的信仰与生病的现实不断地"较劲"，已让她感到痛苦；上帝是什么？上帝存在吗？灵魂真的会不朽吗？天堂真的存在吗？这一系列问题在她的信仰中答案是理所当然的，因而当无神论者告诉她不同的答案时，颠覆了她原有的信念，让她一时间完全不知所措，更艰难的是，如果没有上帝，那么她原来深信不疑的死亡结局会怎样？她死了以后形体就将解构，人将不复存在，人根本就没有灵魂，也就没有天堂可以进入，更没有一个爱护她的上帝来迎接自己。当她一想到这些，就感到莫名地恐惧；此时，死亡突然变得很陌生，像个深渊一样向她袭来，直到把她吞噬掉。

罗斯描述的这位基督徒病人原来对上帝深信不疑，她从来没有怀疑过上帝是否存在的问题，并且，她一生兢兢业业，为了荣耀上帝的事业，不断地服务他人，深受他人喜爱。因此，哪怕将要死去了，她仍然相信可以在上帝的信仰中找到心灵的安慰，让她走过人生最艰难的临终期。在这时候，她的上帝信仰以及灵魂不朽、天堂存在的观念对她来说构成了强有力的信念支撑体系，并且，她还与前来为她做祷告的牧师深入交换信仰心得。之前，死亡对她来说完全不是问题。可是，当她受到无神论者观点的冲击之后，她的信念体系开始受到质疑，她的信仰系统开始出现裂缝和动摇，她也不再像原来那样坚定地相信自己可以在死亡面前得到救赎。这时候，实际上她的死亡防御机制出现了重大裂痕，她内心的死亡防线开始崩溃，于是，她对即将到来的死亡感到无比恐惧。而当一个人的死亡防线被攻破，死亡防御心理机制被瓦解，这对于当事人来说是个巨大的灾难，尤其是当他/她即将面临死亡的时候，如果没有有效的死亡防御机制，死亡的可怕以及强烈的死亡恐惧必定对人造成巨大伤害。

据罗斯对临终病人的研究，在不久于人世的时候，病人内心的变化和反复是很常见的。通常，临终病人的直接反应是无法接受或者直接否定医生给出的死亡将至的结论。有的病人认为这是医生的诊断有问题，极端的病患甚至会不相信医生的判断，不断地换医院、反复核查自己的病情。总之，人们不相信死亡就在眼前、生命就要结束的现实。罗斯在研究了许多临终病人的案例之后，提出了著名的"临终病人心理五阶段说"理论,其中,否定阶段就是临终病人五阶段的心理表现之一。有的病人至死都不愿意承认他将要死亡的事实,并试图通过各种方式为自己寻找存活下去的理由和希望,或者转移视线,渴望奇迹,总之,不断否认自己即将死去的事实。人类否定死亡的现象十分普遍,其坚定超乎一般的想象。然而,人们否认死亡越坚定,防御死亡的机制越完善,当人们一旦发觉死亡根本无法否定,死亡防御机制其实错漏百出时,那么,此时死亡就会显得特别可怕,令人感到恐惧。因此,当人们原来的死亡心理防线被攻破,会加倍地感受到死亡恐惧。比如,以上案例中提到的那位女基督徒。

所以,如果人死了以后能够去往更理想的世界,那么,死亡就不会那么可怕了,这就是死亡观念对人类心灵的巨大安抚作用。人有什么样的死亡观念,他就会表现出什么样的死亡态度,有什么样的死亡态度就会在日常生活中表现出相应的行为模式。2014年5月,某地方政府为了在极短的时间之内推行火葬,提高火化率,通知当地民众,在当年的6月1日之后将对所有逝去的人一律火化。这个通知一经公布,就引起了连锁反应,当地一些老人,为了能赶在6月1日新政实施之前"睡着棺木死去",竟然纷纷以喝农药、上吊、投井等方式自杀,从而避免被火化。这个事件发生以后,引起了轩然大波,当地政府官员蛮横的做法引起了民众的强烈不满,也受到了舆论的批评。此处我们不考究本事件的法律问题和现实效应,而是仅仅就老人自杀的原因进行分析:为什么会有人为了"睡着棺木死去",甚至要提前结束自己的生命呢?难道土葬与火化不都是料理人的后事吗?二者有那么大的区别,值得人们这样做吗?这种现象让人很费解,在已经接受火化观念的人们看来,或者在不在乎怎样处理遗体的人们看来,这些老人为了睡着棺材死去,为了能够赶上土葬的最后节点,竟然不惜放弃生命,这的确令人匪夷所思。但是,如果从老人们的死亡信念上来看,这个问题或许就是另外一回事了,甚至是相当残忍的一件事了。对于生活在土葬习俗中的人们来说,棺木就像是人死之后安顿亡者的家园和通道,通常,逝者装棺下葬的地方,是一个固定的地方，传统上称为阴宅，它承担了许多功能，比如人死后的家人祭祀、清明祭扫以及死后亡灵去向等一系列事情，都与这个棺木以及土葬的形式紧密相关。因此，在这些土葬的拥护者心里，他们实际上持有一套完整的关于死亡和死后世界的观念、信仰和生活习惯。这些信念和习惯，构成了人们另一重死亡防御机制，为人们抗拒死亡、抵御死亡和恐惧侵袭都做出了巨大贡献。哪怕有人不认同这些信念和做法，从死亡学、社会学和心理学角度来看，为了维持人们正常的生活秩序，防止死亡恐惧对人的病态侵袭，也应该对这些习俗和拥有这些习俗的人们保持最起码的尊重，尊重他们的生活习惯与行为方式。我们想象一下，当那些年迈的老人人生谢幕在即，他们一生都信奉和向往的土葬系统才是安顿他们死亡的终极信念，这些东西让他们感到安心，能够帮助他们坦然面对死亡，可是，突然之间，有人试图把另一套观念和习惯强行加给他们，并且无视他们多年以来形成的生活习惯与行为方式，强行改变他们赖以生存的信仰基础，这无疑像釜底抽薪，会把他们抛入一个无法安心的未知世界，这种对死亡的未知恐惧是让人难以忍受的。正是因为这样，这些老人对另一套死亡信念与风俗习惯完全无法想象，也不能适应，因此，他们在惶恐之际最终走向了自杀。他们是因为恐惧生命比恐惧死亡更加严重，才无法相信和理解另一套死亡系统，这些改变令他们不堪重负，火化的结局对老人来说远不如土葬形式下的死亡安顿更让他们安心，因此，他们宁愿提前死去、也不愿意继续存活，这样，那些老人提前结束生命、走向死亡的心理就是可以理解的了。由此可见，强行改变人的死亡信念无异于谋杀，人害怕没有安顿、无法解释的死亡。当死亡的愿望甚至比保存生命的意愿更加强烈时，生活下去就没有意义了。所以，这是一件极其残忍的事情，强行改变丧葬习俗，实际上就是在现实层面打碎了一些人赖以生存的死亡防御机制，它会使得一些人的死亡防线彻底崩溃，无法自处。

无论人们怎样回避死亡、如何拒斥死亡，死亡总会如期而至，死亡不可逆转的必然性总是令人感到震撼。因此，人类从出生开始，就不断在特定的观念、习俗之下形成和强化内心的死亡防御机制，从而不让死亡侵袭内心，搅扰自己充满阳光的生活。可是，人类的生老病死、灾难困境等一刻都未曾远离人的生命，无论是他人还是自己，这些在生活中被人们排斥和否定的东西无时无刻不在提示人们：死亡危机从来没有解除过。当死亡危机穿透人们掩耳盗铃式的心理防线，抵达人的内心，最终掀翻的就是人内心苦心孤诣地构建起来的死亡防线，而死亡防御机制一旦在顷刻之间瓦解，死亡恐惧就会像潮水一样涌上心头，瞬间淹没人的正常理智。也就是说，人的死亡防御机制有时候是很脆弱的，而当抵挡死亡侵袭的防线被攻破，它自然就会把人抛到一个全然陌生的环境，让人只剩下无法猜透、令人恐惧的死亡深渊。因此，死亡恐惧就成了人们必须要面对的事情。

世上或许没有一件事像死亡恐惧一样让人震惊、颤栗、无所适从，虽然理智告诉人们周围的环境应该是安全的，但是无处不在的偶然性仍然难以让人安心——人们可能担忧大自然的异变，比如，一场地震，一次洪水，一块陨石落地等，都足以取消人的生命；人们担心人类的非理智行为或过失会危及到自身，像战争、车祸、有毒物质泄露等都可能让无数生命不复存在；更为致命的是，时时存在的死亡致命因子会让人们时常感到恐惧，对心灵的冲击和创伤时常让人久久难以平复恐惧心理，最后，人们还可能担忧自己的这颗恐惧之心和伴随着它的一切都会消失。

死亡可能带来的现实后果或许可以在人的预期之中提前知晓，然而，人类唯独不能预想的就是死亡本身，死亡对人类来说是如此神秘、如此不确定，以至于它何时降临、在何处发生、以何种方式来临都无法提前知晓，这的确让人望而生畏。虽然人们可以见证他人的死亡过程，但却无法提前经历自己的死亡，这就让人们对可能是人生唯一一次的死亡表现出特别的谨慎，甚至是无比的恐惧。可以想象，如果人可以如同动画片里的主角一样不断地死而复生，那么，死亡就没有那么可怕了。可是，人类真实的死亡偏偏就可能是一次性的，并且是无法重复的，所以，当人们被死亡逼到角落，被勒令回答死亡向人们提出的终极问题：如果死亡必然来临，那么你到底要如何应对？怎样才能应对？虽然这些问题很难回答，但是人们还是可以说，如果死亡必然到来，我希望死的时候不再感到恐惧，不再感到害怕，最后还能与死亡握手言和，达成一致。所以，只有人们不再恐惧死亡了，死亡才不会显得那么狰狞可怕。

　　人怕死本是再正常不过的事情了，但是当人们试图否认死亡、回避死亡，甚至拒斥死亡时，死亡对于人们来说就成了问题，并且这个问题是被暂时搁置起来的。人们对现实事务的各种关切和忙碌常常令人暂时忘记了死亡这件可怕的事情，这样一来，死亡恐惧和死亡焦虑就被一种粗暴的方式转移到其他地方，甚至埋在心底，进入潜意识中。可是，这只是暂时的转移和压制，当个体生命接近尾声，或者当人意外地遭遇不测时，死亡恐惧仍然会以一种极端的方式爆发出来，从而让人无所适从。也就是说，当人们意识到死亡必然到来，并且不可回避、无法逆转时，人必定会产生死亡焦虑和恐惧之情，而努力摆脱这种恐惧是人产生死亡意识后无法回避的问题。所以，当人们开始意识到死亡宿命的存在，并为此感到恐惧或害怕时，最好直面自己的焦虑和恐惧，而不是试图逃避或完全摆脱它。死亡恐惧并不会因为你不愿意面对它就真的离你而去，相反，它会以各种方式死死地缠住你，让你不得安宁。更值得注意的是，有研究显示，人类对死亡的焦虑和恐惧之情从童年时期甚至更早的时候就开始了，并且，它一直潜藏在人们的心底，当人们的死亡防御机制出现问题时，死亡焦虑和恐惧就自然会浮上心头，就像吉尔伯格说的那样：

　　　　在身处险境时的不安全感后面，在懦弱和压抑感后面，永远潜伏着基本的死亡恐惧。它的存在经得起最缜密的推敲，它通过许多非直接的方式表明自己……没有人能够摆脱死亡恐惧……焦虑性神经症、光怪陆离的各种恐怖症、相当数量的抑郁性自杀和众多的精神分裂症，为无时不在的死亡恐惧提供了充分的证实。这种恐惧成了特定的精神病理学情境中各种主要冲突的必然成分……可以理所当然地认为，死亡恐惧永远存在于我们的精神活动之中。[①]

正是因为出现死亡焦虑与死亡恐惧是死亡意识觉醒后的人必然会发生的事情，因此，人们通常在很小的时候就开始从社会中习得一些死亡防御手段，从相应的民族文化中获得特定的死亡防御机制，也就是说，人类天然地拒斥死亡之倾向，以及建构起普遍的死亡防御机制，是人们克服死亡恐惧和死亡焦虑情绪、建立生存安全感的必要手段，人们在这些设施之上实现生死安顿，确立生死信仰，树立特定的文化世界观。换言之，人们拒绝死亡，不愿意面对死亡，并顽强地建构起相应的死亡心理防线，即死亡文化，这并不是什么奇怪的事情，也不是我们今天要否定的事情，恰恰相反，我们要正视人类这种天然的倾向与不懈的努力，珍惜其中非常有价值的人类精神成分，并将其肯定下来，发扬光大。

然而，我们在此还要说明的是，人类虽然可以拒斥死亡，可以建立相应的死亡防御机制，但这只是人类安顿死亡的需要，这一切努力都是从承认死亡的存在与人类必有一死的基础上开始的，如果人类不能清醒地认识到这一点，那么，自己建立起来的死亡防御机制就会是脆弱的，是没有根基的，甚至是没有道理的。试想一下，如果死亡都不存在，人类根本不会死，那么何须防御和抵抗呢？因此，直面死亡和承认死亡的存在是有死的人类真诚地面对自己的命运最应该做的事情，哪怕人们在此过程中产生了强烈的死亡恐惧和焦虑情绪。

（三）死亡焦虑爆发

王正，今年60岁，高危行业从业者，已退休。王正59岁时母亲去世，自从母亲去世以后，他与家人之间的矛盾和摩擦日益加剧。王正在

---

① 〔美〕恩斯特·贝克尔.拒斥死亡［M］.林和生译.北京：华夏出版社，2000.

母亲去世的时候表现得异常的平静，他看起来与平日没有任何不同，更奇怪的是他最看重的母亲去世时，他都没有显得特别悲伤，他母亲离世时的镇定表现令所有亲朋好友都对他感到佩服。为母亲料理完后事，亲朋好友散去以后，他似乎很快就回归了正常生活。不过，从此以后，他多了几个以前没有的特点：一、开始爱穿少年装，甚至卡通服，他爱穿的衣服颜色总是显得特别鲜艳；二、别人对他的称呼，只能往年轻了叫，他不喜欢任何人说他老，甚至称呼他老人，他还喜欢把满头白发定期染成黑色，而在生活方式上特别不服老，爱与年轻人比较，开始喜欢逞强好胜；三、他开始不愿意去医院，哪怕觉得身体不舒服，甚至单位定期体检，他也坚决不去。

王正虽然60岁了，身体看起来似乎没有太大的问题。然而，由于他不愿意去医院检查，所以他身体的具体情况也不清楚。不过最近一段时间，王正老是觉得呼吸不畅，有时他还会捂着胸口喊疼，对长期以来的高血压问题，他也勉强应付着。每隔一段时间，他会觉得身体不舒服，然而他买了药，也只是随意吃几次就不吃了。对于这一点，家人们非常担心和生气，也很无奈，因为王正一直叫嚷着身体不舒服，可是他既不按时吃药，也拒绝去医院检查，他跟家人之间的关系越来越紧张，家人心疼他、担心他，劝他去医院检查，但是他就是不去，所以家人拿他没办法，这让家人既无奈、又生气。无奈的是，他几乎总是向家人抱怨身体不舒服，令人生气的是他从来不愿意去医院检查，也不按时吃药。

在母亲去世之前，王正从来没有这些毛病，可是在母亲去世之后，他的脾气变得越来越急躁，甚至不像从前一样主动分担家务，跟妻子之间动不动就吵嘴。家人认为王正的性格发生了巨大变化，认为他现在整个人偏执自私，生活毫无生气，行事也比较偏激。后来，他的家人实在没办法，就把相关情况告诉专业人士，向相关专家咨询，希望可以帮到王正，也能解决家里的紧张气氛。听王正的家人一说，经过简单的问卷测试，专家发现，原来王正的问题出在严重的死亡焦虑上。

从王正的家庭和成长经历来看，他父母的去世，特别是他母亲的去世，作为一个醒目的信号和死亡提醒，告诉他：父母去世以后，下一个就是他自己的死亡了。这个提示给他造成了严重的死亡困扰，引发了病理性的死亡焦虑，这个困扰和焦虑情绪成了各种摩擦和矛盾的根源。从王正的成长经历来看，他自出生起，就一直跟父母生活在一起，几乎没有离开过父母身边，哪怕他工作了，结婚了有了自己的家庭和孩子，他仍然与父母住在一起，只有偶尔到外地出差会离开父母一段时间。据称，王正是当地远近闻名的孝子，父母老了，他一直侍奉在父母身边，无微不至，直到他们去世。

王正的问题正是出在他与父母的亲密关系上。由于王正一直处在与父母的共生关系中，他的心理上几乎没有与父母分离成长的环节，所以他几乎没有真正独立过。婚后，他的家庭经济大权也一直乐于交给母亲。由于父母去世，这种亲密关系突然之间不存在了，而他生命中却没有足以支撑和替代父母的东西，这为他丧亲后的心理和行为反常埋下了伏笔。

父母的去世表面上在王正身上没有看出太多问题，比如看不出太多悲伤——这一点极其不正常，按常理来说，这样的亲密关系丧失，任何人都会表现得非常悲痛，可是他却没有表现出任何悲痛情绪，实际上，这是由于他当时整个人已经陷入了巨大的死亡空虚和死亡焦虑之中。母亲去世一段时间后，他才开始反应过来，此后一段时间里，他经常整夜无法入睡，面对家里熟悉的卧室和客厅，他也感到莫名的害怕或者不适应。他不愿意与家人谈心，也没有人知道他具体在想什么。

尽管他极力地掩饰内心的焦虑和恐惧，但是死亡焦虑在他身上还是有迹可寻的，第一，突然之间，他开始向往年轻了，与以前相比，在衣着上，他开始把自己打扮得完全不符合自己的年龄，因为通常的情况下，年轻人是离死亡比较远的，而且，年轻的时候，人尚小，有父母的保护，是安全的。第二，不服老，他完全不认同自己正在走向衰老的事实，变老的事实让他显得异常敏感，同时他爱逞强了，还不乐意让别人说他老，但凡与衰老有关的东西他都试图要屏蔽，或者不让它们与自己扯上关系，衰老意味着死亡，拒绝衰老就是不愿意面对死亡。第三，害怕生病，常常怀疑自己生病了，可是又不敢去医院检查，因为害怕万一检查出严重的疾病，万一身体真的不行了，那么他精心设置的死亡防御机制就被打碎了，那时候将无力回天。因此，他拒绝去医院检查，哪怕有病也不去。这些特点与我们常用的死亡焦虑量表中的条目相吻合，如此一来，王正的问题就比较清楚了，因为父母的死亡，他突然意识到自己已经暴露在没有父母保护、没有长辈遮挡的死亡面前，他对此感到深深的恐惧和焦虑，但是，他却试图掩饰自己的死亡忧虑情绪，这是比较典型的死亡焦虑个案。

　　然而，当事人或许没有意识到这是死亡焦虑带给自己的困扰。王正试图把所有问题都转嫁到家人身上，其实那是他试图从家人那里寻求支持和关心，也就是我们常说的社会支撑系统与亲密关系，它们有时可以很好地缓解死亡焦虑情绪，尤其与亲人们融洽地生活在一起，会得到关爱与支持，可以帮助人们抵御死亡焦虑。可是，王正的做法却是故意忽视和糟蹋自己的身体，这种行为也是可以理解的，他其实是想通过"损害"自己而获得更多的家人关注。但是，家人并不理解他的做法，他的许多行为和言论令家人无所适从，他们觉得没办法帮助他。归根结底，王正的问题是他试图回避死亡焦虑、死亡恐惧而产生的病态现象，他的回避行为使得他的行为方式和性格特征变得似乎不可理喻了。所以，如果他的家人想给他以切实的帮助，就必须帮助他厘清问题，让他直面死亡，直面内心的恐惧和焦虑，可是，这已经超出了他家人的能力范围。

　　像王正一样，现实中不明就里地被死亡焦虑困扰的人实际上很多，死亡焦虑如果得不到重视和合理应对，它就必定会转换成其他严重的心理问题，甚至精神疾病，从而变相地骚扰和困扰人们。长期以来，由于人们不愿意面对死亡，因而也没有人愿意直面内心的死亡焦虑，更没有多少人对死亡焦虑和死亡恐惧问题进行深入地研究，这种局面直到哲学家克尔凯郭尔对人类的恐惧意识进行研究后才开始有所改变。

　　20世纪以来，存在主义哲学家和心理学家对死亡问题进行了深入地探讨，死亡焦虑和死亡恐惧问题变得不再陌生。在医学临床治疗以及焦虑研究领域，死亡焦虑不只被认为是伴随人一生的基本情绪，还被认为是可以通过各种量表进行测定的，并对此进行确切的把握，甚至是可以化解的情绪。从存在主义立场出发，死亡焦虑和死亡恐惧的积极意义也开始受到重视，之前一直被人们当作负面情绪的死亡焦虑开始呈现出积极的价值。死亡焦虑作为一种正常情绪让人们直觉到死亡就在身边，并且促使人们积极地反思，并切实地改变人们的行为方式和人生态度。从此，死亡焦虑不再是不可见人的东西或者令人丢脸的体验，死亡恐惧也不是没有价值的，关键是看人们如何应对它。人们或许不能像贝克尔说的那样简单地排斥和压抑死亡恐惧，把它们保持在无意识状态，恰恰相反，人们必须直面它，最好把它们转化成具有积极意义的基本情绪。

死亡焦虑虽然是一种焦虑情绪，但是它与一般的焦虑情绪有所不同。通常，临床医学上把焦虑当成一种有害的负面情绪，但是，研究者认为死亡焦虑情绪不一定有害。存在主义心理学家罗洛·梅指出，适切的焦虑能激发人的活力，焦虑情绪与创造性成就有密切的内在联系，精神健康不一定就没有焦虑，焦虑是有意义的，[①]所以说，关键问题是人们如何面对和缓解焦虑，如何理解死亡焦虑的独特意义，而这一切问题的解决都可以从人们直面死亡和内心的恐惧开始。

二、直面死亡恐惧

人类的死亡固然可怕，但是相对而言，人类死亡恐惧的爆发可能更

---

① 罗洛·梅在其《焦虑的意义》这本书中揭示了焦虑的起源、焦虑的本质，以及在人们的日常生活中，什么样的因素会导致焦虑，焦虑具有什么样的意义，人们应该如何与焦虑和平相处，如何让焦虑发挥积极作用等。在人们的日常生活中，在许多艺术作品、诗歌、哲学和宗教中都能看到焦虑的影子，尤其在急剧变化的现代世界中，日常生活的压力要求每个人都要面对焦虑，并以某种方式与之共处，如何解决焦虑问题是现代人不得不面对的事情。本书还论述了死亡焦虑及其特点，以及直面死亡焦虑的意义等问题。

可怕，死亡恐惧可以让人暂时失去理智，不能正常生活。蒙田在他的《随笔集》中承认，由于他长期以来都害怕死亡，并为此所苦，即使在他身体最健壮的时候，也常常想到死亡的可怕，而死亡必然来到、人生必然消逝的想法使得他"几乎瘫痪"。虽然许多人不像蒙田那样真诚直白地说出害怕死亡的事情，但是在人群中人们对死亡害怕的情形并不罕见，死亡恐惧也不时地冲击着人们，更确切地说，人类对死亡的焦虑也许从未停止过，就像欧文·亚隆指出的那样，死亡焦虑可能与生俱来，甚至会伴随人的一生：

> 人类的死亡焦虑会伴随人的一生，由于人们无法一直忍受生活在恐惧之中，于是会寻求各种方法减轻和化解死亡恐惧。虽然有一些可靠的、由来已久的防御措施，然而要彻底征服死亡焦虑却十分困难，因为它们始终潜伏在人们心底里，即使在无意识水平，死亡焦虑仍能够对日常生活领域产生显著影响。死亡焦虑在精神病理学上也被认为是许多精神疾病的核心，如社交焦虑、惊恐障碍、恐惧症和抑郁症等。[①]

人类的死亡焦虑始终潜伏在人们的心底，从无意识层面到有意识层面，死亡焦虑会一直伴随着人们的日常生活，当人的死亡焦虑不能得到正确对待和有效抑制时，死亡焦虑就会转变成病态形式，从而干扰人们的正常生活。有些研究者更是坚定地认为，死亡恐惧和死亡焦虑情绪是人类一切心理疾病的根源。因此，直面人们内心的死亡焦虑和恐惧情绪是直面死亡的头等大事。

（一）接纳死亡现实

柏拉图认为，人活着的时候就需要练习接纳死亡，承认和接纳人类

---

① 〔美〕欧文·亚隆.存在主义心理治疗〔M〕.黄峥，张怡玲，沈东郁译.北京：商务印书馆，2015：30.

有死是人有智慧的重要特点，人只有承认生命是有限的，才能够从死亡的教益中汲取超越世俗的智慧。换句话说，接纳死亡实在是人之本分。当人们把死亡纳入人的整个生命过程之中，生命就完整了，有生有死，如此一来，人活着时能看到的或许就不再仅仅是世俗中的那些权势、名利之物，也不再局限于有形或有用的判断标准，而会看到更多超越世俗之外的东西，而这些东西恰恰是人类智慧和价值的源泉。当人们开始尝试接受死亡的必然性与宿命性时，对死亡感到恐惧不安是自然的，然而当死亡恐惧产生以后，人不能在此停留下来，任由死亡恐惧泛滥，而是要直接面对死亡恐惧的各种威胁而不退缩、不回避，最终在人类创造的应对方式的帮助之下安然跨过死亡恐惧这道门槛——不再恐惧，或者说与死亡恐惧达成和解，让它以新的面貌和生命形态展示出来——当然，这个过程可能会比较艰难而且漫长。

在日常生活中，我们经常会碰到这样的疑问：如果死亡这么可怕，那么为什么还要老是提起它？如果死亡恐惧产生了，除了回避它或转移视线还能怎么样？是的，死亡是可怕的，但是如果把死亡掩盖起来，其后果可能更可怕！没错，人们想摆脱死亡恐惧无可厚非，没有任何人愿意整天在死亡恐惧中艰难度日，但是研究表明：人的死亡恐惧只能消减或转化，而不能消除。

有些人实际上在很小的时候就开始追问死亡问题，对死亡感到焦虑不安，当儿童不断地询问成年人有关自己的出生和来由，好奇祖辈的离世缘由及其去向时，他们的死亡焦虑就已经不可遏制地生发出来。虽然儿童要在日后的成长过程中才开始对死亡形成一定的概念，或许他们也不再像儿时那样焦急地询问类似的死亡问题，但是他们的死亡焦虑并没有消失，而是被转移或暂时地被掩盖了。成年人的死亡焦虑差异更大一些，当然，成人也更容易借助一些更隐晦的方式，比如工作、事业、娱乐等转移死亡焦虑。所以，死亡教育学者认为，人应当从小就了解死亡，不断学习与死亡相关的事情。当人从小就开始了解死亡，学习与自己的死亡焦虑相处，那么对不断迸发出来的死亡焦虑和死亡恐惧就不那么陌生了、可怕了，甚至还会转变成个体生命不断向前发展的原动力。死亡焦虑让人们意识到生命的短暂、易逝、脆弱，它鞭策人们去追寻不朽、崇高和伟大等克服死亡恐惧的方法，以及寻求终极性的生命意义！

人类探讨和追求生命意义，实际上就是人类克服死亡恐惧、消化死亡恐惧，并最终与死亡达成和解的过程和途径。如若人们认为人生没有意义，也无法赋予它意义，那么，人的死亡恐惧就永远无法摆脱，死亡问题也永远无法解决。因此，寻找和探索人生意义实在无比重要，它是人类实现自我拯救的唯一机会，而这所有的事情必须从一个地方出发，那就是首先要接纳死亡，把死亡当成生命的一部分。

接纳死亡，对于没有宗教神学背景的人来说，需要一个生命的飞跃，离开了一元论的神学生死观和教义解释，生死问题、人生意义问题、终极价值问题都成了没有现成答案的问题。此时，人们恐怕要重新审视一个问题：即在人的世界中，应该如何对自己的生命尽全责、承担全部后果、自负生死的命运？当离开了彼岸世界的终极承诺，人如若只接受此生的存在，即人只有一生，无所谓前世，也无所谓来生，那么，从现在开始，人们必须清楚地意识到，从人类平均寿命来看，你的生命账簿到底还有多少生命的"存银"，即你的生命已经用了多少，还可能有多少可用，因为死亡的降临将毫不客气地拿走你整个的人生账本。因而，从只有此生此世的立场来看，死亡开始变成生命中难以承受之重。大多数情形下，人们害怕弄丢生命中最后一点"存银"，因为很多人觉得还有许多事情需要仰仗这一点"存银"去做，人们觉得应该可以做点有意义的事情，然后再交出自己的生命账本，或者只是单纯地留恋生命、害怕死亡，也迟迟不愿意交出生命的账本。然而，任何生命变故和生活意外都可能引爆人们的死亡恐惧，比如一场大雨、一个雷电、一次车祸……其实，人们每做一个决定，都意味着后续的各种事情会紧随其后，也许以为选择了一个好的开端，却忘了后续的事情可能不遂人愿。事情的变化发展往往就是这样：故事的开头看起来是美好的，但是一旦踏入其中，后续发生的事情就不见得如人所愿了。有时有好的开头，最后却搭上身家性命的事情也并不少见。

许多时候，人们预知可能会遭遇死亡，然而，仍旧还是要选择置身险境，这其中可能除了世俗事务逼迫之外没有更多坚持的理由，不过，人们还是要以身犯险，于是，许多事情的风险也就自然跟随人们而来。这就是人类生活中常见的现象。即使人们或许知道结局可能会如何，却仍然心存侥幸，或者视而不见；有的人甚至认为坏的结局与自己无关，从而甘愿冒险，最终无谓牺牲，走向毁灭。

当然，人还有理性一面，理智会清楚地告诉人最坏的可能性是什么，所以，人的矛盾纠结一直存在。尽管人相信理性是对的、是相对可靠的，但是，有时又不相信理性可以解决一切问题，比如遇到意外情况、突发状况，甚至死亡恐惧的爆发等，这些都是理性难以掌控的。人只能在理性设计的环境之内自得其乐、图个方便，甚至把社会的一切以及自然环境进行理性改造。然而，人的理性所能改变的世界仍然是非常有限的，总有意外和偶然性不期而遇，地震、泥石流、洪水、海啸……这些事情或许是人类很长时间内都没有办法回避和解决的。因此，无论是来自人们理性提供的安全保障也好，还是出自人们对自然界正常秩序的信仰也罢，人们都能够想到，在人类的理性设计之外，在正常情况之外，意外的情况与异常之事总会存在，这些情况都足以夺走人的性命。这世间的偶然性、意外事件是无法被人全部控制或消除的，如果人无法消除偶然事件、意外事件，那么，对人类生命构成威胁的东西就会一直存在，即人的脆弱性就会一直存在。因此，接纳死亡，需要人们接受和正常看待世界的偶然性和意外事件。同时，人们也要看到，人的生命是如此脆弱，毁灭人的生命只需要一点点"意外"就足矣。人们要接受生命的脆弱性，而不能四处逞强。老子说："人之生也柔弱，其死也坚强。草木之生也柔脆，其死也枯槁。故坚强者死之徒，柔弱者生之徒"[①]。

正是因为意识到死亡威胁无处不在，死亡会潜藏在人们周围世界的

---

① 出自《老子》第七十六章。

各种偶然性事件之中，所以人们不要觉得一个偶然的死亡事件发生了有什么意外；意外的是，人有时会忘记或者选择性地忽视死亡就在自己身边潜伏。

如今人类进入了科技飞速发展的时代，人们享受着高新科技带来的各种便利，然而，人们却极少注意到这样一个事实：在这些高新科技产品面前，人的自然生命越来越显得微不足道，科学上一个轻微的失误或者"瑕疵"，就足以让人命丧黄泉。飞机失事、交通意外、化学实验爆炸或污染，诸如此类，任何一件小小的意外事件都足以让人顷刻间尸骨无存。另外，像人类大规模战争、核战争，或者生化武器的使用，它们的威力就更不用说了，它们的威胁和杀伤力足以取消人类一切由高新科技带来的便利和福祉。

人类今天在欢呼科学技术带给人们以力量和福音的时候，千万不能忘记科学技术也可以把人类推向离死亡更近的那道门。21世纪以来，战争中真实发生的大规模毁灭性事件已经发生过，核武器有可能毁灭全人类的阴云一直笼罩着世界，然而，大多数普通人对这种死亡和毁灭无能为力，这种科技阴云实际上像一柄悬挂在人类头上的利剑，既难以卸载，又无处不在、无时不有。日常生活中，有人嘲笑这些恐惧死亡的人们，挖苦这些谈论死亡威胁无处不在的人，但是，死亡不会因为人们的乐观而停止威胁，死亡恐惧也不会因为人们一时逞能而放弃在极端情况下出来袭击人类。因此，人们最好正视死亡问题，正视死亡威胁、正视死亡恐惧的弥漫性危机，这样才能找到减少死亡威胁的办法，抵御死亡恐惧的袭击。

死亡恐惧的确是件难以忍受的事情，它袭击人的时候难以言表。但是，死亡恐惧并非一无是处。人们发现，人只有在死亡恐惧袭击的时候，才会迅速地回到生命自身，回到内心，回到真实的自己。此时，人会极力去寻找一样东西，或者一个理由、一个念头等来支持自己、面对死亡恐惧，面对可能到来的死亡。也只有在此时，人才发现原来世俗中所谓的现实、所谓的成功、所谓的繁华，是多么脆弱、多么不堪一击。

　　在死亡恐惧面前，人需要的理由和镇静下来的根据往往很简单，但是必须要足够坚固。经过与死亡恐惧的无数次正面交锋，人开始慢慢学会与死亡焦虑和死亡恐惧相处，不再认为死亡恐惧就是地狱，有时候，死亡恐惧把人从熟悉、安全的日常生活中敲醒，让他重新审视自己的生活，这或许是件好事情。所以，死亡恐惧其实可以作为一个人人生之路升华的引领者。在很多时候，当人们真正面对自己的恐惧时，大概就清楚地认识到自己是个什么样的人了，以及真正需要什么和不需要什么，什么样的东西能帮助自己走过死亡荆棘，同时，什么样的东西只是虚有其表、热闹而无益，借此可以得到辨认。

　　事实上，每次被死亡恐惧袭击之后，人都特别清醒，因为它开始帮助人整理走过的人生，剔除人生的负担，确立和清晰人生的方向，明确人生的信条，这就是死亡恐惧的意义！在此意义上，或许死亡恐惧是人类自我升华的一条捷径。在现当代的死亡教育中，有的教育者试图激起受教育者的死亡焦虑，以便让他们看清楚生命意义，并由此真正接纳死亡，接受死亡的教导。有的时候，人们甚至直接通过创造条件，让一些受教育者体验极端情况，比如躺进棺材，提前"体验"自己的死亡，或者提前模拟生命最后一刻的情形。这些方法虽然有些不同寻常，但是，它会让一些人顿时产生了强烈的危机意识，死亡焦虑一下子被激发出来，而这正是教育者们认为需要的——在这种直观的死亡意象和场域之下，人的焦虑和恐惧情绪被激发出来，由此对死亡有了直观的认知。据称，不少参与此类活动的人接下来竟开始认真地思考起人生问题，换句话说，"任何理解生命意义的人，决不会害怕死亡"的。所以，当人们面对死亡时，无论当时有多么害怕，多么恐惧，接受了死亡，就开始创造性地重新开始了自己的生活，或者找到了克服死亡恐惧的方法，他们的死亡恐惧和焦虑情绪会变得不那么严重，甚至变得有意义起来。此时，人们对于死亡的恐惧和焦虑就不仅仅是一种令他们感到非常不适的情绪了，而是转化为可以加以利用或提升生命境界的催化剂。

（二）破除刻板印象

死亡为什么令人感到恐惧、害怕，它除了本身确实有令人感到害怕、不确定和未知的特征之外，还与人们长期以来形成的关于死亡的刻板印象有关系。通常，人们只要一提起死亡，就多少与黑暗、恐怖、杀戮、荒诞、冷酷、无情等特征关联在一起，许多人心目中的死亡概念多少都是与不愉快或者令人恐怖的事情等价的，哪怕有不少人从来没有真正关注过死亡，活着的人可能从来没有真正死亡过，但是人们关于死亡的印象却出奇地雷同，那就是：死亡是可怕的、恐怖的，这就是人类社会普遍存在的死亡刻板印象。

这种刻板印象还体现在人们关于死亡的各种诡异的传说、死亡过程的恐怖和痛苦之描述以及死后世界的灰暗预设等民间故事中。那些关于地狱的描写，关于阴曹地府的描述，关于神灵鬼怪的描写，关于妖魔鬼魂的描绘等，在各种民间传说与日常生活中经常见到，这些死亡意象的描述充满了骇人听闻的特征，人们对死亡的恐惧往往被这些东西及其生动的意象和叙述所震慑、替代或者置换。人们对于灵异事件的好奇与对死亡现场和安顿场所的忌讳等都无一不在加剧着对死亡恐怖的刻板印象。

如此一来，人们对死亡的恐惧变成了对特定对象的恐惧，比如对医院太平间的恐惧，对殡仪馆、火葬场、坟山墓地的恐惧，甚至转而对殡葬从业人员等专业人士的恐惧。于是，但凡与死亡事件相关的人和事，最终都被死亡忧虑所具像化，并成为令人感到恐怖的死亡代名词。由于现代社会的分工与专业化，人们越来越容易远离死亡事件，与死亡相关的事情料理几乎都可以由他人代劳，人们如果刻意回避死亡的话，那么完全可以不参与任何与死亡相关的事情——当然，他自己的死亡除外。这样一来，死亡事件就与人们的日常生活被人为地隔绝开来，并变得神秘无比。通常，对于我们没有见过的事情，如果它带有威胁性，那么，这种事情很容易在人们的口口相传中变得异常凶猛，甚至完全被妖魔化，现代人身边的死亡就是如此。人们从他人的只言片语、道听途说、各种媒介中接受了死亡的各类信息以及同样可怕的描绘，如此一来，死亡便带给人们千人一面的、令人感到恐惧的刻板印象。因此，原本就令人感到害怕的死亡被刻板印象描述后，更变成了人们内心难以逾越的心理障碍。

死亡变得恐怖是从人们把逝者完全交给他人处理以及人为地与死亡事件区隔开来开始的，更确切地说，是从人们害怕并回避人的遗体开始的。有时候，当有人在医院去世，前一刻还是家人们留恋不舍的亲人，后一刻就因为已经被宣告死亡而瞬间变成了一具令人感到恐惧的陌生尸体；人们的态度也发生一百八十度大转变，甚至在有些人看来，把人的遗体放进太平间，或者殡仪馆的工作人员来拉走遗体，这些事情也是异常恐怖的。许多人面对这种死亡和殓尸场景，似乎没有感到悲伤，而是从内心感到恐惧！这是特别令人费解的事情——本来是自己的亲人朋友，死了以后，似乎一下子就变成了鬼怪妖魔，好像要把自己吃掉一样令人感到无比恐惧！令人情感上难以接受的事情是：生前的亲朋好友，突然之间就变成另外一样事物，变成一种无情无义、残忍嗜血，甚至恩将仇报的存在物，危害自己。而无神论者认为人死之后什么都没有了，形神俱灭，谈不上有什么可怕的，毕竟是一堆即将腐败的物质。对此人们感到害怕，没有什么道理，然而，现实中许多人也不知为什么突然之间就会感到害怕了，我们推想的是，人们之前在心里形成的关于死亡的刻板印象在此时应该是起到推波助澜的作用了，或许有的人感到害怕，他们怕的不是死亡本身，而是由死亡形成的刻板印象以及与死亡相关的各种意象和联想。

因此，人要真正面对死亡问题，首先，必须打破长期以来形成的死亡刻板印象，以及消解各种恐怖的死亡象征、死亡意象；其次，把人们具体的恐惧对象进行改造或者去神秘化，比如，把太平间、殡仪馆、墓地等死亡空间对人们开放，进行"美化、神圣化"，甚至进行更亲民的处理和设计；再次，要把死亡印象中更温情的一面塑造出来，比如中国传统社会有所谓红白喜事的做法，至少有人去世了，所办的白喜事在人们的印象中充满了如苍松翠柏、灵堂神位、亲朋故旧围绕等温馨感人的场面，类似的东西和布置会让人们少了许多不必要的死亡恐惧；最后，有针对性地把死亡恐惧化解成有意义的、与人们现代生活息息相关的死亡象征，这样有利于人情的释放、人事的安顿、社群的团结融合等。

死亡恐惧必须通过有意义的象征性的死亡意象才能得到很好的释放，从而修通生死之间的界限，描绘出生命不息的持续意向，这个非常重要。象征性的永生模式是人们克服死亡恐惧的重要途径，无论人们通过什么样的方式"修通"生死之间的心理界限，克服死亡恐惧，实现象征性的永生，都是要让内心关于死亡的意向通往美的、神圣的、温暖的方向，并在死亡相关的具体事物、事件、人物上体现出来。所以，要真正建立有意义的象征性的死亡意象和观念，打破死亡刻板印象是首要任务，也是为了人们能够真正直面死亡本身，直面真实的恐惧对象，回到人自身，从而进一步缓解和转化恐惧情绪。

值得一提的是，由于今天中国人关于死亡的意象已经与中国传统社会的情形有所不同，人们关于死亡的观念与意向发生改变，这就势必要对原来与死亡相关的事情进行改造，同时，中国历史上遗留下来的死亡观念和意向虽然还在，但是由于特殊原因导致人们日常生活中已经看不到相应的事情了，这需要的就不是现代性改造，而是按照原有的观念和意向补充完整死亡相关的事情，这一点尤其要体现在现代中国人的丧礼上，一方面，中国传统社会遗留下来的原有的死亡观念和意向是丧礼现代性转化和改造的基础，另一方面，中国历史上遗留下来的原有死亡观念和意向存在而相应的表现形式丢失则是今天向传统丧礼学习和回归的重要理由。

简言之，与死亡有直接关系的丧礼，我们一方面要重新审视和明确其内在的死亡观念；另一方面要补充完整死亡观念之下具体事物和过程环节的死亡意向，即把丧礼中一些没有关联的事物和过程删除，同时把一些近代以来被忽略的事物和过程在现代丧礼中补充完整。

由于丧礼要处理人的遗体问题，而人们对死亡的许多想象和联想都是围绕着人的遗体展开的，人的死亡观念与死亡意向也与逝者的遗体相关，如何在现代社会具有仪式感、神圣性、温情化地安顿逝者遗体，是帮助人们缓解内心死亡恐惧和焦虑的着眼点，更是当今中国人安身立命的大事情。

（三）自我与恐惧升华

2008年5月12日，中国发生了罕见的汶川大地震，这场大地震对于受到地震影响的人们来说是个巨大的灾难，它夺人性命、毁人家庭、坏人家园，对生活在其中的人造成了前所未有的人、财、物的损失。李山就是其中一员，在这场巨大的灾难中，他真正感受到了死亡威胁就在身旁。在巨大的灾难面前，他似乎突然之间挣脱了平日里的状态，回到了真实的自我，并找到了摆脱死亡恐惧的方法。奥古斯丁说，"只有在面对死亡时，人的自我才会诞生"，李山面对巨大的死亡威胁，其自我和恐惧发生了深刻的变化。

迄今为止，大地震已经过去了十几年，然而，大地震发生的一切，在李山心里仍然历历在目，就像昨天发生的事情一样。在李山的家乡，地震是极其罕见的，强烈的地震更是数百年来几乎没有听说过，因此，在他的记忆里，大地是坚固而稳定的，大地是人们恒久不变的稳固家园，他也极少怀疑大地会突然间性情巨变，甚至脚下开裂、地动山摇，而这一切，这种安定感在2008年的大地震中被彻底摧毁了。地震发生时，李山正在午休，一开始，他模模糊糊地听到有人在隔壁大声地叫他，然后是一阵激烈的敲门声，门外传来熟悉的声音："……快开门，地震了，快跑！"李山醒了过来，敲门的是他的老师，老师就住在隔壁。当时，李山并不清楚老师的意思，他只是本能地、迷迷糊糊地爬了起来，当他在窗前发现面前的窗户在左右摇晃时，他完全不敢相信自己的眼睛，他还以为自己没有睡醒，所以使劲地摇了摇头，用力揉了一下眼睛，定睛一看：没错，窗户确实在拼命地摇晃！整个屋子也在强烈地震动，甚至出现了倾斜。顿时，李山被吓得睡意全无，他明白了老师的意思：完了，地震！他来不及多想，一个箭步冲到门口，打开门就往楼下跑。还好李山住的楼层不高，但是那种踩着楼道，摇摇晃晃地往下逃生的情景他一辈子也忘不了，当他艰难地走到楼下时，地面仍然在摇晃，他发现自己的双腿在不听使唤地乱颤。

此时，楼下已经聚集了不少神色慌张的人，大家或小声地说话，或者一言不发地呆站在原地，人们的穿着装扮形状怪异，显然，先跑下楼的人并没有比他更镇定。过了好一会儿，等李山缓过神来，他才发现原来自己也仅穿了一条短裤，赤裸着上身……原来在慌乱之中，李山并没有来得及穿好衣服就冲下了楼，他跟那些装扮奇异的人一样——被地震吓坏了！再后来，大地持续摇晃了好一会儿才停下来，李山完全没有心情去理会自己的穿着打扮，他不知道接下来会发生什么，他就一直这样呆呆地在那里站着。

过了好一阵子，地面停止了摇晃，人们才开始惊魂未定地散去，勉强回到了各自的住处。李山胆战心惊地往楼上走，此时，他的理智渐渐恢复过来，一股前所未有的恐惧感袭上心头，他发现脚底下这片大地不牢固了！突然间，他觉得正往上走的这座大楼不安全了，因为它随时可能会被地震摧毁而倒塌，然而，他也没有什么办法，只得回到住处，心有余悸地推开门，他害怕极了……没过多久，余震又再次袭来，李山心中的不安与恐惧再一次袭上心头，他发现，就在他脚底下，这个他无数次走过的地方，突然之间就可能裂开，他十分熟悉的宿舍，顷刻间就有可能倒塌，而他们的生命瞬间就可能被灾难吞噬掉。在自然面前，在可怕的地震面前，人类显得那么无力、脆弱、恐惧……事实上，此次地震的确给人们带来了空前的灾难性破坏，当打开电视、网络时，人们震惊了，事情比李山想象的还要严重：一片片村庄顷刻之间被山洪冲走，一座座城镇瞬间化为瓦砾，无数生命被倒塌的建筑物掩埋吞噬……

面对共同的灾难，李山突然发现，人们对自我的认知以及对待他人的态度悄然发生改变。

首先，他开始意识到，人必须要承担生命中发生的各种事情，包括突如其来的天灾横祸。在巨大的灾难与意外面前，死亡近在身旁，人们再也不能无视发生在身边的大量的死亡事件。每一个人无论你承认与否，愿意与否，灾难已然发生，每个人都需要去面对这共同的命运——死亡。其次，巨大的灾难虽然让人们意识到自己必须去面对这突如其来的死亡，同时，它还让人深切地认识到自我与他人是多么紧密地联系在一起的，人类的命运在共同的灾难面前充分显示出了它休戚与共的关联。地震中因灾难受到影响的人们，得到了来自全国甚至全世界人民的帮助与支援，地震中的人们更是相互帮助、守望相助，人们的联系因为共同的灾难似乎变得更加紧密了。

再次，人与人之间的心意相通，在巨大的灾难面前变得更加频繁和容易，这甚至让人们暂时忘记了死亡的可怕与外来的威胁。地震下的死亡威胁似乎剥落了人们往日里的浮躁、娇气、疑虑、隔阂等。当死亡来临或者死亡威胁靠近时，通常人的死亡恐惧会突破人的心理防线，直接攻上心头，但是，共同的处境、共同的命运，使得人们对他人的处境感同身受，对他人的不幸抱有强烈的同情，人们都希望苦难能够有所缓解或尽快结束。

原来，在死亡胁迫之下，人们的心似乎变得更为简单了，死亡威胁让人们回归了本真、回归了自我，超越了自我。换句话说，人的存在通过与他人的心意相通，通过与他人同呼吸共命运，让人走出了孤寂、走出恐惧，走向更高的生命形态，从而迈向超越生死的大道。

在巨大的死亡威胁之下，人似乎回到了更为真实的自我，对他人不幸的同情冲淡了对自己死亡的恐惧，灾难中周围人的善意常常感人肺腑，让人充满力量。通常，在巨大的灾难面前，很容易引发人们对死亡的恐惧，但是，恐惧和无助却让人看到了真实的自我，看清了自己真实的想法和体验。按照存在主义心理学家欧文·亚隆的看法，人类抵抗死亡恐惧有两种基本方式，其中之一是坚信自身的独特性，另一种是坚信有一种比自身更强大的力量可以保护和拯救自己，并努力融入其中。

在地震等巨大的灾难中，人人都可能受灾，人的独特性信念很容易受到损害，它很难帮助人们克服死亡恐惧。然而，一种比自身更强大的力量则直接展现在人们面前，因为地震中的人们感受到了一种息息相关的共同的命运感，它把人们紧紧地联系在一起，仿佛结成了更高的命运共同体，这一点让人们感到安心，缓解了个人对死亡的恐惧。在共同的灾难面前，共同体中许多人舍生忘死、舍己为人，人与人之间的真情，人与人之间互通有无、互相帮扶，社会作为一个文明的整体，每个人都是其中的一员，人在这个整体中感到安心，感到温暖。这种意识突破了由灾难激发出的强烈的死亡恐惧，在此过程中，恐惧被感动取代，个体融入整体之中，人们仿佛摆脱了小小的自我，开始融入一个更大的、更高的存在形态。

此时，人们对死亡的恐惧和焦虑似乎不见了，取而代之的是一种确信：即哪怕个体失去了生命，整体仍会延续。在巨大的灾难面前，死亡仿佛教会了人们一样东西，这就是让人重新认识了自我、他人以及人与周围世界的关系，并体验到了人与人之间息息相通、生死与共的关系，这一点对于人们克服死亡恐惧意义重大。

研究认为，通常人类在巨大的自然灾难面前，比如地震、泥石流、海啸、瘟疫等面前，更能够感受到人类作为一个族类和共同体的存在。这种感受和看法似乎一点新意也没有，因为人类本来就是一个族类，人类社会本来就是一个整体。人类的群居特性古已有之，中国思想家荀子说"能群"是人区别与万物的标志之一。

然而，自从人类进入现代社会以后，人类群居的方式不断变化，越来越趋向于个体化的社会，在此过程中，人们的选择性越来越多，人可以在不同地区、不同国家、不同人群中生活，社会的流动性更大了。在这样的社会变迁中，人们感受到的孤独没有因为城市化、全球化、互联网化的极大普及而减少，恰恰相反，人与人之间的陌生感与孤独感反而加强了。比如，即便人们同住一栋楼，同在一个地方娱乐，甚至同在一间屋子办公，人与人之间的心理距离似乎变得无限遥远，人与人之间的情意越发淡漠。这大概就是哲学家、思想家们一直批评的现代性问题造成的社会变异。

据报道，近年来，日本竟然出现了一种叫"孤独死"的现象，一些日本人长期一个人生活，甚至愿意或者不得不一个人默默地死去，当被人发现时，其人已经死亡多时。人与人之间、人与社会之间的疏离感不断突显，人对整体的感受或许远不如传统的农业社会更为直接、更为亲密。正是因为这种情况的出现，人类要打破个体的疏离感和孤寂问题，感受到共同体的真实存在，并把自己与他人联系起来，本身不是件容易的事情。因此，共同的死亡问题出现，比如天灾，或许提供了一个很重要的"机缘"，让人们在绝望无助的时候重新发现自己身处其中的共同体以及它的真实价值。

"生死学"研究认为，在巨大的灾难与共同的命运面前，人们或许更能够紧密地团结在一起，更加清楚地意识到他人对自己的重要性，更加重视自己作为共同体成员的身份。在强大的命运与巨大的灾难面前，人们的相互关爱和相互扶持正是突破人们内心深处的疏离感和孤寂感的绝佳方式，与此同时，死亡带来的威胁与恐惧也是在这样的情形之下被化解和转化。如果说重新发现共同体与他人的存在是把人从死亡恐惧中拯救出来的正途之一，那么，重新发现共同体、重新认识共同体、重新融入共同体，也是人们内心深处渴望回归整体、回归整体性存在、实现个体自我认知的重要机会。只有当个体把自己与某种整体性或者更大的东西联系在一起时，人才可能获得打开和化解死亡恐惧大门的金钥匙。这是一种解决死亡危机的方式，当人把自己与一个更大的整体联系起来，并不断地向它靠近，最终与之融为一体，似乎就可以摆脱死亡恐惧的困扰了。

如今，国人的死亡、死亡的个体化原则已经进入人们的视野。当今国人面对死亡时，已经与中国传统社会主流的各种安顿人的生、老、病、死的方式大为不同，尤其是人们面对死亡时的态度、对死亡意义的理解、对死后世界的想象已经迥然有别，城市中生活的人们开始不得不独自面对自己的死亡问题。而如何重新构建新的死亡观念、安顿生死困惑，已然成为十分紧迫的问题。但是无论如何，重新认识共同体、体验人与周围世界的紧密联系、重新回到整体是超越现代性死亡困惑的重要途径。

第四章

科学与死亡

现代科学技术的昌盛，帮助人类一举奠定了地球上的霸主地位。从宏观世界到微观世界，从人类社会到自然环境，从生命的奥秘到死亡的过程，科学技术的影响无处不在，科技俨然成了新世纪的至高主宰。科学或不科学成了许多人衡量世界上所有事物、事情是否有价值的标准。当科学成了唯一标准，当科学技术成为不可质疑的"尘世上帝"，科学技术或许就成了最大的"迷信"，这样的"科学信徒"也就成了盲目乐观的科学主义者。

当人们把科学的标准对准死亡时，死亡的面孔开始变得十分简单，它就等同于医疗仪器无法检测到医学界定的呼吸、心跳和脑电波。可是，人们发现科学技术虽然可以延缓人类的死亡过程，甚至有时能拯救人于水火之中，但是，它却无法阻挡死亡的降临。人们开始感到困惑不解，科学技术不能使人免于死亡，这难道不是耻辱吗？科学技术为什么不能让人类永生不死，不是说科学技术是万能的吗？相信科学技术是万能的，相信世上所有事情无一不可通过科学技术解决，哪怕现在不能解决，将来也一定可以解决，这种想法就是典型的科学主义者的新宗教。相信科学技术可以克服和消解人类死亡问题，这是科学主义者最炫的迷思，当然，也是人类面对死亡时噩梦的开始。

一、科学主义与永生

（一）死亡的证明

现代人在医院去世很常见。通常，人去世以后，医院会开一个死亡证明，即一个正式的死亡通知单，并且，死亡证明要交由负责的医生签字，医生要在死亡通知单上注明死亡原因等。这份由医院开出的、医生签字的死亡证明很快会成为正式文件，并成为许多法律和社会事务启动的基础性文件，关系到比如殓葬程序、身份注销、保险赔偿、遗产分配等事宜。死亡证明的重要性不言而喻，而医学鉴定出具的死亡证明是当前人类死亡事实的权威鉴定，它标志着死亡事件的客观性和合法性。

但就是这样一份重要的文书，有一次却难倒了一个医生，这个美国医生竟然不敢在文书上签字。因为在他之前签过的死亡证明文书中，几乎从来都清楚地显示出死亡原因是"某某疾病"，也就是说，是疾病导致了人的死亡。可是，当前需要他给出死亡证明的这个人死前并没有显示疾病，这人属于自然死亡。在这个医生看来，这人死亡原因不是出于疾病，而是自然老死。人的自然死亡，没有经过医学的帮助，更没有经历治愈过程中的折磨，老了就死了，"这太不合常理！"这个医生犹豫了，他甚至有些困惑：人无疾而终，这怎么可能？还有医学上未曾干预的死亡，这太让人吃惊了。

这个医生的困惑，来自他自身的局限性。而对于一个熟知中国传统"五福"思想的人来说，人无疾而终，很正常，没有什么可奇怪的，这是一个特别好的结局啊，为什么人一定要疾病缠身、历经磨难痛楚，最后无法医治、痛苦死去才算正常呢？人为什么就不可以无灾无病地离开人世呢？这难道不是一种理想的死亡吗？当然，只要稍微考察一下这个医生困惑的原因，我们就会发现除了医生自身的局限外，还存在一个非常重大的医学信念分歧，到底是坚持"疾病导致死亡，进而通过破解医学难题，治愈相应疾病，进而控制死亡、解决死亡问题"；还是认为"死亡原因多种多样，人类根本无法阻止死亡，甚至难以认清死亡，因而死亡问题亘古常新，医学无法解决死亡问题"呢？简言之，前者坚信科学技术可以解决死亡问题，因而从根本上否认死亡不可回避；后者不认为科学技术可以解决死亡问题，认为死亡是人类永恒的命运，人类必须接受人必有一死的事实。

上面这两种不同的态度，会导致人们对医学乃至现代科学技术产生截然不同的看法，同时影响人们对医生和医院的看法，并使人们对医生和医院的职能产生完全不同的期许：其一，如果医学是可以解决死亡问题的，那么，医生就是同死神搏斗的英雄，甚至是"神"，他们的职责就是帮助人们战胜死亡，因此，当医生无法帮助人们战胜死亡、不能做到起死回生时就是失职，进而，医院没有保住病人的性命也是失职，都应该承担责任；其二，医学不是万能的，如果医学并不能解决死亡问题，医学只能应对部分疾病，并不断告诫人们要尊重死亡，承认医学与医生能力的有限，那么，面对任何疾病，医生尽力而为就已经尽了自己的本分，医院尽力抢救就已经仁至义尽，此后再出现无法救治的情况或者直接的死亡事件，这不是医生的失职，医生和医院也无须承担责任。当前社会，第一种态度和期待十分盛行，人们似乎已经习惯把医学、医生、医院神化，虽然神话会不时地破灭，但是历史中的种种神话故事从来不缺少"信徒"！

在许多医生看来，在医学技术昌明发达的年代，人的死亡肯定是有原因的，而且这个原因只能是暂时还没有攻克的疾病，而不能是死亡的神秘力量。死亡被视为医学最大的敌人，试图征服死亡成为一些人的强大信念，似乎保障人不死已经成为医学的使命，医学不能使人战胜死亡似乎就成了某种羞耻的事。这种极端的对于医学的信心、对于医生的信任，在民众中很普遍，许多人把医院、医生当成是万能的救世主，把医学捧到了起死回生、如同再造的高度。然而，随后人们发现，在致命的死亡"劫数"面前，医院常常是最接近死亡的地方，更是无数人死亡的地方，即医院不仅是救命场所，也是许多人殒命之地；医生不光不是万能的救世主，甚至有的医生连他自己熟悉的科目、从事的专业也未必能做到万无一失，至于其他的、不是自己主攻的专业则常常无暇顾及；医学不是人们认为的能够起死回生、无所不能；恰恰相反，人类医学发展到今天，人们仍然面对着许多无法攻克的难题，医学的限制性，无能为力，甚至无可奈何，远比人们想象的要多太多。

当现代医学为人类健康事业做出了卓越贡献时，人们倾向于把医学神化，把医生神化。在这个过程中，一些医生甚至也理所当然地接受了这些愚不可及的荒谬理论，以为医学真的无所不能了，一些民众更是由于自己的无知无畏而把不可实现的"神话故事"当成了真实的生活。

　　人类医学的发展虽然取得了令人引以为傲的巨大成就，但是医学不能改变和不可治愈的疾病也是数不胜数。小到一个小小的鼻炎，大到各种致命的肿瘤等，都会让现代医学手足无措，因为这些疾病仍然有数不清的问题和各种局限性。有些疾病无法治愈，许多疾病甚至缺少有效的药物治疗，还有些疾病至今人们仍然不知道其病因和发病机理；所有这一切都在告诉人们，医学发展到今天，人类与疾病的斗争仍然十分艰巨、胜负难料。因而，人们尚不能完全把自己交给医学，因为医学不光不是万能的，它有时甚至连一些基本的问题都可能无法解决。

　　现代医学是一种实验医学，它也是一种不确定的经验科学，由于人类的经验是无穷无尽的，因此，人类可能碰到的疾病也是不能穷尽的。换句话说，人类通过医学只能在有限的经验范围内替人们防治和解决一些疾病问题，而大多数时候，医学可能是没有办法的，尤其是在医学难以解决的绝症方面，还有死亡这个问题上。现代医学能解决人类机体的一些问题，但不是所有问题；医院能帮助一部分病人，但不是所有病人，医生只能解救那些生机尚存的人，而不可能解救走向死亡的人。

　　现代医疗体系虽然声称要让人类恢复和保持健康，但是它使用的方法、要解决的问题，都只是一些具体问题，很少涉及人本身，尤其是事关抽象的全部问题，比如人生意义问题、怕死问题。长期以来，许多人执着于把身心问题还原为具体的物理学问题，以为这些问题随着身体疾病的好转、随着医学的强力干预，一切都可能迎刃而解。更为"根本"的是，这里面暗含着一种观念：人的心灵问题可以由物理事件决定，似乎人所有的心灵现象与人生意义问题都只是物理世界的附属物，只要物理世界的问题解决了，人的精神世界问题也就自然解决了。然而，实际上物理世界的事情与人类心灵世界的事情并不是一回事，物理世界决定不了心灵世界的事情，甚至有时候物理世界的事情反过来还要受到人的主观能动性的制约和影响。当人们压力无比巨大、人生意义虚无、死亡恐惧无法自处、终极关怀无处安放时，人的心灵疾病会直接导致身体的问题，甚至导致严重的心理疾病。

（二）死亡话语权

现代医学的长足发展，心理学的不断进步，使得人们倾向于用科学的方式来解决人的一切病患问题，物理意义上的身体病痛似乎可以通过具体的医学来治疗，而人的心理疾病却只能通过心理医学来化解。德国哲学家康德把心理学叫做物理学的心理学，此话一语中的，即便是事关人的心灵问题，心理现象在一些科学家看来，仍然可以被当成物理现象来看待，因此，当科学家在面对各种病痛问题时，他们关注的仍然是现象世界的规律问题。

人们一般认为，只要找到了现象世界的原因，就可以为解决这个问题找到出路；而对于死亡这种东西，人们如果只从生理学上进行解释，比如人类的呼吸、心跳、脑电波等，那么，死亡就是人体生理功能的退化和消失。当人们开始极端地认为死亡只等同于这些简单的物理现象时，死亡解释的话语权就只剩下唯一的科学话语，即现代医学科学所给出的界定和理念，而这正是死亡话语体系片面化、贫困化的开始。

2017年10月，在中国医学人文大会的分会场上，有位来自青海某医院的院长，他介绍了青海省一些医院的现象，这些现象令人深思。他们发现片面地理解和处理医患关系在特定环境下几乎是行不通的。这位院长说，在他们那里，少数民族中流传下来的传统医学仍然在起作用，当地一些德高望重的宗教人士同时承担着医生的职能，因此，当人们生病了，多数宗教信徒会选择传统医学，而不是现代医学，并且，人们强烈地倾向让一些高僧大德来替自己看病，在宗教关系的影响下，病人对有宗教背景的医生充满了信任和感激。当医生把病人治好了，这些病人会比其他地区的病人更加积极地向医生表示感谢；即便这些医生无能为力，没有把病人治好，甚至未能挽回病人的生命，病人或家属也不会责怪他们，相反，他们仍然对这些医生充满感激，临终病人还把临终时有德高望重的人陪在身边视为是个人的福报。这样一来，医生与病人之间的关系就十分融洽，病人不会因为医生没有治好自己的疾病去责怪医生、攻击医生，甚至伤害医生。

对比国内其他地区的医患矛盾，这位青海省某医院的院长还进一步分析了这种现象产生的原因，他认为，这是由于宗教信仰在其中起了很大作用。在这些病患的宗教信仰中，死亡并不是那么可怕的事情，生死也不是医生能掌控的，医生帮助病人缓解疾病，让他们少一些痛苦，已经是他们的幸运，如若不知道感恩图报就是犯下过错了。再者，人死的时候有高僧大德陪在身旁，为自己念经超度，帮助他们顺利往生，这更是他们天大的福报。因此，这些虔诚的宗教徒依据他们的宗教教义，能够很好地寻找到死亡与生命的平衡点，能够通过宗教观念解释他们当前的疾病状况与死亡过程。这种和谐的医患关系，是当前国内许多医院梦寐以求的。

相较而言，很多医院哪怕设置了志愿者和协调员，其缓和医患关系的效果似乎远不如上述一个德高望重的医生的一句话。这其中的原因可能有很多，但是，如果我们把目光集中在死亡解释的话语权问题上，就可以看出一个重要差别，同样是死亡，事关生理的医学解释差别并不大，但是差距比较大的是人们在医学解释之外的死亡观念和信仰体系。当人们只有生理医学上的死亡解释时，人死之后就是死灰一抔或者急需处理的尸体，除此之外就无话可说了。可是，所有问题就出在这里，人的死亡怎么能如此简单粗暴地解释呢？很多人在死亡后，亲人朋友们对死亡之人仍然情深义重，恋恋不舍，因为死亡之人对他们本是无比重要，活着的人们不忍心他们死了以后就真的消失殆尽，不关心他们的去向和终极幸福。至于活着的人，更是无法理解和难以接受，自己如果死亡，也真的是灰飞烟灭，对他人无足轻重了吗？其实，这里面有太多问题值得人们深思；而对死亡，简单的生理学解释只会让人在死亡面前变得野蛮粗暴、冷酷无情，甚至不再配称为人类。

人类社会关于死亡的信念，虽然多种多样，但是从来没有人试图把死亡只理解成一种生理现象的结束。在很长一段时间里，哲学、宗教和民间信仰等都在解释和安顿死亡问题。不同民族对于死亡的看法虽然不尽相同，但是人们关于死亡的解释却都囊括了生前、死后、死亡过程、死亡安顿等一系列死亡观念，只有在这个完整的死亡观念体系里，人们才能够坦然地面对死亡。然而，近代以来，当实证科学崛起，形而上学衰落，实证科学家们把人类社会关于死亡的各种信仰和猜测当成无法证实、模糊不清、形而上学领域的无用之物，并试图把它们强行驱逐出死亡话语的解释体系，这样，实证主义、科学主义的死亡话语似乎就成了唯一正确的死亡话语。从此，人类关于死亡话语的解释开始变得日益贫乏，由于不断地排斥其他类型的死亡话语解释体系，人类死亡变得更可怕、更微不足道。这些变化是人们开始从唯一正确的科学主义死亡话语来阐释人的物理死亡开始的，而人们关于死亡的其他阐述则成了可以选择的信念，并且只能被看作一种无法得到普遍认同的地方性观念。

（三）不朽的追求

人类追求永生不死的历史由来已久，即便死亡一直存在，人们仍然不相信人类现世生命的结束就意味着一切都结束了。更多的时候，人们会通过各种文化途径，满足自己永生不死的信念。利夫顿的"象征性不朽"理论认为，人类有一种超出个体生活、实现不朽的需求，他总结了五种象征永生的模式：第一种为生物学模式，即通过繁衍后代，通过无止境的生物联结而活下去；第二种为神学模式，靠不同的更高等存在物的信仰活下去；第三种为创造性模式，通过个人的作品、创作的长久影响，或是对他人的影响而活下去；第四种为永存自然的主题，通过与环绕四周的自然生命力重新联结而活下去；第五种为经验性超越模式，在一种时间和死亡都消失的强烈状态中，通过"失去自己"而活在"持续的当下"[①]。这五种象征性模式是人类常用的超越死亡、实现不朽的方式，它们可以帮助人们应对死亡焦虑。

利夫顿把这五种存在性状态叫做象征性不朽，他指出人类有一种超出个体生活圈之外的需要，他的理论认为这五种象征方式可以帮助人类应对死亡恐惧：从精神上的，通过创造性的努力，把自己本质当成全体的一部分，超验论、不断繁衍生息，都可以实现这个目标。

无论是生物学模式、神学模式、创造性模式、永存自然的模式，还是经验性超越模式，人类试图超越死亡、实现不朽的追求梦想从来没有停歇过。中国传统观念认为"立德、立功、立言"是为人生的三不朽，这"三不朽"，其实属于社会精英之士的"创造性不朽模式"，而中国传统社会的普罗大众，更多的是通过"生物学模式"延续血脉、光大宗族，实现不朽追求。当然，神学的不朽追求在中国传统社会也存在。也就是说，中国传统社会人们追求永生不死（修仙）或者追求不朽也是十分常见的事情。

但是，中国传统社会的民众追求永生不死的方式与他们对死亡的特定看法紧密相关，除了极其特殊的形态，比如道教的炼丹、修仙，实现永生不死，绝大多数人还是通过文化理想和死亡观念来实现不朽追求的。道家的修仙、炼丹的长生之法，其背后虽然也有仙道思想，但是其特殊之处颇有点利用"科学"来长生、养生的意味，即人们试图通过系统修炼或者药石之法来保持人的肉身不死或者返老还童等，只是由于其条件有限，人们当时并没有太多科学技术手段可以使用，因此影响了它们的效果。

由于现代科学技术日益主导了当前社会的死亡话语体系，死亡成为了科学主义者试图征服的课题。因此，当今世界实现人类永生不死的伟大使命就被现代科学技术揽在肩头，而其他关于永生的看法和尝试则只是个人的信念而已。道家的长生、养生思想得到了许多现代中国人的认

---

① Erez Yaakobi. 与子孙后代会面可以帮助终末期的成年病人应对死亡焦虑［J］. 死亡研究，2018，42（2）：89-95.

同和追捧，同时，其他"不朽追求及其方式"则日渐消沉，这种现象与现代科学的权威是分不开的，简言之，能够得到现代实证科学认可的就是合理的，是可行的、可信的，否则就有问题。

科学主义者试图告诉人们应该信仰什么，不要信仰什么，最好是让科学主义成为人们的信仰，成为世俗世界的上帝。但是，科学技术还没有兑现它承诺的让人们永生不死的诺言之前，科学主义要让科学成为人们的日常生活、个人信仰、行为方式的唯一指南，这也是不可能的。假设有一天，科学技术能让人们实现永生不死，相信仍然有许多问题是它无法解决的。

在"不朽诉求"之下，常识说的"人死不能复生"，或许神学家不一定同意，相信奇迹的人们也不一定赞同，甚至现代一些科学家也不赞同。有新闻报道称，一个英国的14岁的女孩得了一种罕见疾病，由于目前的医疗条件和医学水平根本无法治愈，因此，在目前的情况下她可能很快就要面临死亡。可是，女孩并不想死，因为她觉得自己太年轻了，不应该死去。于是，女孩要求父母让医生把她冷冻起来，低温保存，她希望在未来的某一天，等科技水平提高了，再把她解冻，然后进行治疗，从而让她治愈康复。这是个真实的事件，尽管人们暂时还不清楚未来会如何，也不知道未来女孩的命运会如何，但是，这个女孩是相信现代科学技术可以让她在未来治好疾病，实现"死而复生"。换句话说，如果人类可以死而复生，那么，人类实现永生不死就是可以预期的事情。

当今世界，已经有人开始相信科学技术可以帮助他们实现永生不死，实现肉体意义上的不朽。每次看到这样的报道，或者看到类似的宣传，人们总是感到莫名的兴奋，科学技术的强大力量以及能够让人不朽的信念，似乎让人感到人类永生的时代就要到来了，人们终于可以一劳永逸地摆脱死亡了。可是，这类报道也有令人感到沮丧的情况，比如，美国人米德·哈里斯把自己的身体托付给"加利弗尼亚人体冷冻学会"进行低温冷藏，期待日后条件成熟了再解冻复活。"加利弗尼亚人体冷冻学会"是罗伯特·尼尔逊创办的，他本人还撰写了冷冻和永生方面的书籍，可是，四年以后，当哈里斯的子女前去探望父亲时，却发现由于该学会无力为这些期待永生的人的人体支付巨额费用，因而断了氮的供应，从而导致哈里斯的身体自行解冻，开始腐烂，这意味着哈里斯的永生愿望要落空了。于是，哈里斯和他的亲属起诉了尼尔逊，并要求尼尔逊他们赔偿1000多万美元，其中包括50万美元的情感伤害赔偿费①。在这个案例中，最后法院判定尼尔逊赔偿，不过却没有赔偿那么多。

这个案例让那些希望通过冷冻技术来保存身体的做法的人受到了打击，毕竟在通往永生的路上除了技术，还要有钱，许多钱，以及具备其他条件。那个14岁的英国女孩是否能顺利"躲过"所有问题，等到未来的某个时刻——我们依然是未知的，我们姑且不论女孩憧憬的前景是否真实、是否能最终实现，这个女孩的案例其实存在许多问题：如果未来科学技术发达了，医疗手段更先进了，真的可以把她解冻，治愈她的疾病，让她死而复生；但是，等她醒来的时候，却发现已经过去了若干个世纪，此时，她身边的人和事全变了，甚至她也成了人们眼中有着三四百岁高龄的古人或者怪物，或者仅仅是未来时代的一个古代的实验品时，她当如何应对？那时她要怎么生活？假如有一天，真的像谷歌公司所宣称的那样，人类可以长生不死了，那么这个世界将会是怎样的，这的确是人们难以想象的。

尽管有人向往长生不死，并认为这是人类的终极梦想，但如果人真的可以长生不死了，那么，人类就不用为了在规定的时间内完成所有事情而发愁了，因为人有的是时间，人完全可以用很长的时间去做一件事情，当这件事情做好了，人觉得没有意思的时候，可以再换另一件事情做。人们完全可以想象，一个人用300年时间来做一名数学家，解一道数学题；300年以后，如若人们发现成为一个作家更有意思，那么人可以再选择做一名作家。

这种美好的世界，除去人类社会的不平等以及存在的其他问题，真

---

① 〔英〕约翰·鲍克.死亡的意义［M］.商戈令译.台北：正中书局，1994.

可谓人间天堂,令人向往。但是,也有不少人表示他们不愿意长生不死,因为在他们看来,如果人类真的长生不死了,那将会是件很恐惧的事情。如今,人寿命平均才几十年,最长也不过百年的寿命,地球上的资源就已经不够用,人类的生存压力已经很大,而且人类已经造成了众多纠纷、矛盾、战争,甚至罪恶无数、混乱不停,要是人真的都不死了,那将是多么可怕的事情!也有人认为,长生不死太过无聊了,没有死亡限制的人,活再久也是浑浑噩噩,不知珍惜,这样的生活只会了无生趣,无甚意义。

所以,无论人们对永生不死的争议有多大,观点有多么不同,人们都明确地指向一个问题——没有了死亡,人类会更幸福吗?没有死亡,这对人们来说是好事还是坏事?这个问题是人们试图通过科学技术实现永生不死时必须考虑的问题。现代科学技术已经极大地改变了人的自然生命,未来的科技发展很可能还会改变人的原生状态,人的寿命或许可以得到更大的提升,但是这其中的问题却依然很多,哈佛大学教授阿图·葛文德说:"过去,能够活到老年的人并不多见,但是今天,科技、医疗的进步让高龄不再具有稀缺价值。然而,不管我们的寿命如何延续,'老'就像日落一样无可避免。当独立、自尊的生活不能再维持时,我们该怎么办?独立、自尊的生活是否将一去不复返?"①

现在看来,长生不死仍然是个科学神话。其实,无论人的生命有多长,他依然会面临衰老,如果漫长的生命是没有意义的,那么,结束或许是一种解脱,而死亡或许是上苍给予的一种善意,因此,或许有死的生命更加可爱,更值得人们拥有。人类征服死亡的路上虽然已小有成绩,人的平均寿命、健康状态通过现代医学手段和科学技术的帮助得到了极

---

① 美国外科医生阿图·葛文德的《最好的告别》(原名为 Being Mortal: Medicine and What Matters in the End)以关于衰老与死亡为主题。书中讲到人们临近死亡,独立、自主的生活不能再维持时,应该注意什么。当生命临近终点,人们该和医生谈些什么?人们应该如何优雅地跨越生命的终点?阿图·葛文德本是个医生,他从衰老与死亡的话题出发,梳理了美国社会养老的方方面面和发展历程,以及美国医学界对终末期病人的不当处置。同时,还讲述了死亡的必然性,以及医药的局限性,告诫人们要承认衰老和死亡的必然性,提倡自主、快乐,拥有尊严地活到生命的终点。另外,书中的"善终服务""辅助生活""生前预嘱"等一系列理念,都给人以深刻的启迪。

大提升，但是迄今为止，人类还没有找到一个不死的肉身以及保持永生的方法，历史上所有修炼长生不死之术的人都毫无例外地死去了。无论如何，历史上人类的生命和业绩在后世之人心中留下了痕迹，特别是那些圣贤家们、帝王将相、英雄豪杰等，他们用嘉言善行、丰功伟绩和感人故事等在人世间留下了不朽的丰碑。但是，这些人的永恒却并不是通过肉身不死的方式完成的，恰恰相反，死亡成就了他们。

人类追求不朽，向往不死的生命，这是有死的人类最自然不过的想法了。人类自古以来形成的不朽观念与追寻不朽的方式多种多样，这与人们对死亡的多样性看法有关。承认现实生命是有死的，这是人们追求不朽的原因与起点。如果人们拒不承认死亡的现实性，那么，人的死亡防御机制中就没有真正的死亡概念。因此，对他们来说永生就已经实现了，所以他们不需要追寻不朽或者永生不死。

二、确定性与死亡恐惧

人类追求不朽的历史很悠久，但是即便人们苦苦追寻，试图抓住每一天的机会，仍然没有能够实现肉身不死，每一个今天、昨天或者明天，对于人们来说，在征服死亡的路上似乎没有任何进展。哈佛大学阿图·葛文德教授甚至明确告诫人们：人类是有朽的存在者，我们必须要接受这一点。可是很多时候，现代科学似乎正在朝着相反的方向行进，一些科学家根本不打算承认人类是有朽的存在，他们甚至把征服死亡当成了自己伟大的人生目标。

（一）征服死亡

中国道家长生、养生之法试图延续人类的自然生命，他们通过炼丹药、"双修"等方法帮助人们修炼成仙，这已经很接近现代人试图通过科学技术实现长生不死的追求了。近年来，生物科技、基因技术、脑科学的快速发展，让人类对永生不死充满了希望。

自从克隆技术出现以来，人类就开始讨论如何通过克隆技术实现生命的延续。器官移植、脏器培养，为人体局部组织的更新换代提供了可行的途径；小的美容整形手术已经司空见惯，甚至在有的国家蔚然成风；心脏、肾脏等人体大的脏器移植也不再稀奇，科学家甚至尝试开始头颅移植。科学的发展与技术的进步似乎明确地告诉人们：人体器官就像一部可以随时更新换代的机器一样，如果身体开始老化，人们可以通过局部器官的更换而让人体这部机器保持活力，从而延续生命。也有人提出可以从微观层面着手，比如借助基因技术，修改人类基因的原始构成，从先天层面提高人体免疫能力，甚至实现长寿、永生。

总之，因为人类身体会自然衰老、死亡，所以，人类与生俱来的身体是有着根本缺陷的，而会死亡则是人最大的限制。因此，生物科学、医学技术需要帮助人们不断完善自身，实现生命永续。而在现代科学技术的帮助下，人类征服死亡的美梦似乎又向前进了一步。如果人类可以永生不死，那么，或许人生最大的恐惧——死亡恐惧就要消失了。但是，在当前历史条件下，死亡问题并没有被攻克，死亡仍然是人类面前的拦路虎，谁也无法忽视。

人们在生活中偶尔会有莫名的害怕，但是到底在"怕"什么，却不知道；为什么要"怕"，也不知道。人人畏死，但人为什么要"畏死"呢？这似乎有点怪异：如果人没有死，那就没什么可畏的；如果人死了，则不可能去畏。所以，无论死或没死，人都不应当畏死的。这是伊壁鸠鲁式的推论，貌似有些道理，但是事实上人们畏死是普遍存在的现象。死亡的不确定性以及随时降临的确定性总是连在一起，人类畏死，通俗地说，就是害怕生活世界的不确定性。而人类试图征服死亡，就是要克服世界的偶然性，给人类提供最大可能的确定性。我们可以想象，如若人生就像一套完整确定的程序，只要知道密钥和算法，就可以随时打开、暂停、关闭、重启；那么，这种确定性的生活没有任何意外，总是可以修复和重来，这像极了动画片里的主角生活，而在这样的生活中，没有死亡，一切都是确定的，人无所畏惧，生活就像童话一般。

然而，没有死亡的世界，究竟会怎么样，这对于人类来说又是难以想象的，或许人们只有在神话传说、民间故事中找到一些印迹。事实上，在人类社会中，谁不是在用肉眼看世界呢，有多少人能像哲学家、宗教家一样能够脱离"肉眼凡胎"、用慧心去看世界呢？再者，又有多少人能真正看清楚自己心中到底有什么呢？或许人只有死亡来临时，人的生命接近终点时，才突然发现原来自己可以用心灵去看世界的。死亡虽是一件令人感到恐惧的事，但是，人们试图通过征服死亡、寻求绝对确定性的方式来否定死亡、消解死亡，消除人的死亡恐惧，也不是很容易实现的。

死亡是人类最大的确定性，它根本无须消解，死亡恐惧是人类正常的情绪，更不用排斥。当人类把死亡看成不是什么可怕的东西，而是充满"教益"、充满"警示"、让人清醒受益的"生命导师"时，或许人类才开始真正理解死亡。现代人醉生梦死的方式越来越多，很多人也越来越迷失在无聊的生命执着之中，因此，死亡恐惧是人生中一剂十分必要的汤药，它让人清醒。

《哲学家死亡录》①是本非常有趣的书，它搜集了古今中西著名哲学家的死亡方式，其中一处描述了苏格拉底临死前的活动，意味深长。苏格拉底告诉他身边的人，现在他就要死去，那些陷害他的人还要继续活着，而到底谁幸福只有神知道。苏格拉底说完之后，坦然喝下毒酒，可是，不一会，他又突然坐起来，告诉他的朋友，让朋友等他死后，帮他向阿斯庇俄斯（医疗之神）祭献一只公鸡。对于苏格拉底临死前这种交待，

---

① 《哲学家死亡录》是美国哲学教授西蒙·克里切利（Simon Critchley）的作品，作者研究了近200位思想家，介绍了历史上重要的思想学派——古希腊和古代中国的思想家、西方基督教，以及当代一些理论家，通过探讨这些人的生活、死亡以及对待死亡的哲学思考，揭示了思考和他们自己的死亡方式与其哲学思想之间的有趣联系。在本书中，讲述很多哲学家死亡的历史，是一个个充满离奇、疯狂、自杀、谋杀、倒霉、痛苦、做作以及黑色幽默的故事，通过这些故事，作者希望人们能从对"湮灭的死亡恐惧"中解脱出来，不要压抑死亡恐惧或者对它视而不见。

《哲学家死亡录》的作者西蒙·克里切利解读说：苏格拉底并不怕死，他怕的是苟活，苏格拉底对死亡是接纳的，甚至他还要感谢医疗之神的毒药，是医神让自己可以提前去往神灵所在的世界，而死亡让自己脱离了尘世的束缚和污染，让灵魂重新纯粹起来——在他看来，生命本身是有害的、有毒的，它需要死亡来解开此中之毒。佛家说贪、嗔、痴、慢、疑俱是生命的毒药，需要死亡忧患来替人们解开这人生的剧毒。因此，死亡或许不像人们想象的那么可怕，而一味地苟活下去并不一定是所有人的追求，而征服死亡、去掉所有的不确定性如同天方夜谭，难以实现。

（二）医学的限制

秦虹，55岁时得了脑溢血，医生给他做了微创手术。秦虹手术后，身体恢复得还算可以，但是，显然他已经不能恢复到发病之前的状态了。对于这个结果，主治医生解释说，脑溢血手术后一年之内是最佳恢复期，一年以后要想再改善就很困难了。秦虹手术已经过了两年多，显然超过了医生所说的最佳康复时期，可是他的身体却并未痊愈。因此，秦虹一直不相信医生的结论，他总认为凭借自己的努力能够恢复到从前的身体水平，甚至他认为自己日后还可以继续正常工作。于是，秦虹在妻子的帮助下，开始尝试各种康复方法，民间偏方、中药治疗、针灸理疗等等，但凡他们听说过的方式，都一一尝试，可是并没有变好的迹象。秦虹一直不愿意接受的是，他目前恢复的状态已经不可能再改善了。尽管医生不断跟他强调之前的结论，让他维持现状就可以了，但是，秦虹听不进去。后来，他还服用了一些所谓"神药"，接受一些其他治疗，但身体依然没有任何改观。

近年来，中国突发脑溢血的人数不断上升，在较寒冷的地区转暖之时或者其他地方气温急剧变化的时候，脑溢血现象更是十分常见。目前通行的脑溢血手术已经相对成熟，基本方法就是通过微创手术或开颅手术，把脑内溢出的血抽离出来。由于人脑内出血会影响到身体器官的正常功能，比如造成身体的瘫痪或者失去语言功能等。因此，尽管手术相对成熟了，但是手术风险依然是存在的，而且，病人手术过后能否恢复、恢复到什么程度，与个人的身体状态和恢复锻炼等因素直接相关，也就是说，手术过后能否康复仍然面临许多不确定因素。可是，对于秦虹来说，哪怕事情过去多年，他也每天坚持不懈地锻炼，他的行走和个人生活自理基本没有问题，然而，身体状况始终恢复不到他理想中期待的水平，秦虹不接受现今这个结果，他一如继往地相信：只要通过不断吃药，他就可以改变现状，发生奇迹。

秦虹的妻子似乎跟秦虹的想法一样，她也相信丈夫能够完全好起来。秦虹出院以后，为了让他尽快好起来，妻子总是陪在他身边，形影不离地照顾他，饮食起居面面俱到。很长一段时间内，她非常热心地为秦虹寻医问药，她只要听到哪里有类似的病人康复的情况，就会跑过去打听相关用药、治疗方法等。有一次，她打听到一个自称是从广东来的退休"神医"，说他可以通过针灸理疗方式让心脑血管病人完全康复，并且这个神医还信誓旦旦地说："一个疗程就可以让他完全康复！"于是，秦虹和他的妻子都相信了，他们赶紧让医生来到家里给秦虹治疗。秦虹很乐意接受他的治疗，但是，一个星期过去，没有好转；神医马上改口，说一个星期不够，还得继续治疗。再后来，治疗依然没有效果，"神医"就只能溜之大吉了。

这件事过后，秦虹很快忘记了那个"神医"，但他似乎也不觉得"神医"的诊治有什么异常，他始终相信，即便"神医"没有治愈自己，但终归还会找到其他办法。秦虹的强大信念不知道是从哪里来的，他对于医学万能的信仰令人感到吃惊，在他看来，世间总会有一种治疗方法或药物会起作用的。秦虹对医学的强大信心，如果仅仅理解为病急乱投医或许并不恰当，因为他患病时间已经够长，理智的人都可以看到这个结果可能不会改变，现在唯一能解释的是：他不过是通过对医学万能的信仰来回避现实，掩盖内心的死亡恐惧。

秦虹至今还是服用各种药物，他似乎没有准备接受不能康复的现实；同时，还有各种各样的"神医"对他的情况"跃跃欲试"，而秦虹似乎仍对医学、医药有种种期待。可是事实上，医学不是万能的，医生的能力也是有限的，当人们对两者的期待超出应有的限度时，对病人来说是个闹剧，对于医生和医院来说则是"悲剧"。许多医闹事件究其根本就是人们相信：医学是万能的，医生只能成功、不能失败，医院是救命的场所，不允许死亡发生。所以一旦事与愿违，人们就不能接受，从而责怪医生和医院，并与之发生激烈冲突。事实上，医学是有限制的，不光像脑溢血这类需要动手术的疾病难以让人彻底康复，甚至一些常见的疾病也能纠缠着人们，让人们无法痊愈。

小风是个鼻炎患者，做过个鼻穿刺手术，多年以来，为了治愈鼻炎，小风的家人让他尝试了许多偏方，包括强行用冷水灌鼻，试图通过刺激鼻孔内壁的方式来增强抵抗力，告别鼻炎。这些方法，直到小风试过以后才知道，其实没有一种方法能治愈他这个小小的顽疾，哪怕在现代医学如此昌明的年代，也只能改善和缓解症状，而没有办法彻底消除自己的鼻炎问题。

后来，小风碰到一位农村的"驻村"大夫，小风跟他聊起鼻炎的事情，问村医有什么办法，村医的一番话令小风恍然大悟，村医说："鼻炎不能根治，只能缓解症状；最好注意保养身体，不要感冒，因为感冒会加重鼻炎，鼻炎也会加重感冒。"当小风问为什么不能治愈，村医说："其实道理很简单，如果把鼻子内部看成一片生态环境健康的森林，那么鼻炎的问题就是它上面覆盖的植被没有了，已经造成了严重的水土流失，而且整体生态已经永久性破坏。所以怎么可能根治呢？"村医的回答十分形象，村医的话让小风认识到一件事情：鼻炎可能是鼻子的器质性损伤和变化，几乎没有办法逆转，因此无法治愈。

后来，小风就不再试图去根治鼻炎，而是学着接受它，他开始注意身体变化，加强锻炼，尽量少感冒，天气变凉的时候注意防护，防止冷空气刺激鼻子，这样确实减少了鼻炎的发作。小风之前听信冷水灌鼻的愚蠢办法，不光无益，而且有害，可是他当时却相信了，并试着去做，直至使得鼻炎更重。人总是期待奇迹发生，总是可以通过想象力和微不足道的心愿，试图扭转一些根本不可能转圜的事情：这种原始巫术式的思维方式时至今日依然存在。当有人在这样想、这样做时，并不是无能为力的一方，恰恰相反，他很坚定地相信：自己是万能的——这样想问题的人，他们相信，奇迹会因我发生，世间没有关系的事情也会因我而改变，我的心愿上天和神灵一定会满足！这种天真的自以为是、狂妄自大，有时实在充满诱惑，难以拒绝，因为它会让绝境中的人心存侥幸，欲罢不能。所以从根本上说，人们相信医学和科学是万能的，或许并不是出自对医学知识的信心，而是出于人类某种狂妄自大、未经分析的个体玄想。

无论是秦虹的病例，还是小风的病例，我们可以看到二者一些共同点：人在遇到疾病的时候，总是难以遏制一股强烈的盲目自信，这种自信看起来是源自人们对医学万能、科学技术的强大力量之信仰。但是，实际上更深层的原因可能是来自人对抗死亡的防御方式，一方面人们坚信自身的独特性、不可侵犯性；另一方面坚信万能拯救者的存在，希望他们服务于人类，拯救人类于危难之中[①]。因此，当人们不断寻求医药帮助的时候，罔顾已成事实是十分常见的事情，许多人相信自己可以在疾病困扰面前得到"豁免"，哪怕别人深受疾病困扰乃至因病而亡，人们还是愿意相信自己是个例外。

今天人类科学技术日益发展繁荣，人们对科学技术十分崇拜，于是歌颂大有"过头"之嫌。尽管有些科学主义者吹嘘人类征服死亡在即，通过科学技术可以不断延长人类寿命，从而帮助人类实现长生、永生，但是，即便是医学科学如此发达的年代，我们仍然随处可以看到像秦虹、小风一样的病例——有的人因为严重疾病产生了不良的预后，无法康复；有的人因为无足轻重的疾病而留下了终身的后遗症，诸如此类，这些病例就像芒刺一样深深地扎在科学主义者骄傲的背上。我们且不说吹嘘人类征服死亡的神话，解决人类最终的确定性问题，即便在科学领域，我们仍然有许多问题没法解决。因此，人类需要解决的可能不是死亡问题，而是人类试图征服死亡的野心问题。

---

① 〔美〕欧文·亚隆.存在主义心理治疗.黄峥，张怡玲，沈东郁译.北京：商务印书馆，2015.

（三）人的本分

2019年7月29日，《中国科学报》第2版（国际）报道称，一个利用动物培育人类器官的研究项目，首次获得了日本政府支持，首例"人兽杂交胚胎"实验得到批准。自2019年上半年一项干细胞研究禁令被推翻以来，日本首个申请利用动物体培育人类脏器的研究项目最终获得日本政府支持。日本东京大学和美国斯坦福大学联合团队负责人、干细胞学家中内启光，计划利用诱导多能干细胞在实验鼠体内培育人类胰脏。中内启光的目标是在动物模型中用人类细胞生成器官，最终再把这些器官移植到需要的人身上。

日本媒体报道称，该研究将于近期实施，以确认利用相关技术能否在动物体内正常形成人类脏器，希望将来能为器官移植医疗提供助力。在此之前，日本政府曾明确禁止含有人类细胞的动物胚胎生长超过14天，也禁止将此类胚胎移植到代孕子宫。2019年3月，日本文部科学省修改了有关规定，允许在动物体内培育人类器官，以加强利用动物培育移植于人体器官的相关研究。

实际上，人类和动物的混合胚胎早就在美国等国家的实验室中被培育出来了，但是由于伦理因素等原因从未被批准进行工业生产，尽管政策允许此类研究，但是自2015年以来，美国国立卫生研究院已暂停资助此类研究。而日本的该项研究被批准以来，引发了公众的强烈焦虑与担忧，一些媒体报道时，更是冠以"人兽杂交胚胎"为题，引发热议。此处的"人兽杂交胚胎"，并非直接由人和动物交配产生，而是将人类细胞引入其他动物的胚胎当中而形成。此项研究再度引起广泛质疑：即顶着巨大的伦理争议去发展"人—动物胚胎"，是否有确切的意义和必要？相当多的生物伦理学家则担心，实验存在一定风险，人类细胞可能会偏离要发育的目标器官，进入正在发育的动物大脑，导致目标器官的发育可能不会按设计完成，人体细胞植入有可能影响动物大脑的发育和认知，因此，技术上的风险和伦理上的担忧，使得该项研究广受批评，前景并不明朗，充满风险和变数。

　　伦理学家普遍担忧的问题是，人体细胞进入动物胚胎后，它可能影响原来物种的正常发育，尤其是动物大脑的认知水平发育，进而引起变异，产生畸形物种。同时，新的杂交器官移植到人体后，是否会引起其他不良后果，或者带来变异风险，这些都未可知。除此之外，伦理上的问题还有：如果"人兽杂交胚胎"孕育出来的生命出现了人类特征，这个物种该如何归类：是当成动物、还是当成人？人类当如何面对它们？或者，移植发生后，当人类受杂交细胞影响，出现新的变异，此时人是否还能算作人类的一员？当研究人员培育出一些像科幻电影中那样杂交的、极具威胁的攻击性生物，它们又算什么，人类又该怎么应对？

　　如果说日本科研人员"人兽杂交胚胎"实验引发了广泛争议，那么，中国科研人员贺建奎的步子则迈得更大。2018年11月26日，中国南方科技大学的贺建奎团队，在第二届国际人类基因组编辑峰会召开前一日突然宣布，一对名为"露露"和"娜娜"的基因编辑婴儿已经于11月在中国顺利诞生①。此消息发出以后，引发全球震动，招致了国际、国内科

---

　　① 2018年11月26日，南方科技大学副教授贺建奎宣布一对名为"露露"和"娜娜"的基因编辑婴儿于2018年11月在中国诞生，由于这对双胞胎的一个基因（CCR5）经过修改，预计出生后即能天然抵抗艾滋病病毒（HIV），这一消息引起轩然大波，震动世界。自2016年6月开始，贺建奎私自组织包括境外人员参加的项目团队，蓄意逃避监管，使用安全性、有效性不确切的技术，实施国家明令禁止的以生殖为目的的人类胚胎基因编辑活动。2017年3月至2018年11月，贺建奎通过他人伪造伦理审查书，招募8对夫妇志愿者参与实验。为规避艾滋病病毒携带者不得实施辅助生殖的相关规定，策划他人顶替志愿者验血，指使个别从业人员违规在人类胚胎上进行基因编辑并植入母体，最终有2名志愿者怀孕，其中1名已生下双胞胎女婴"露露""娜娜"。该行为被指严重违背伦理道德和科研诚信，严重违反国家有关规定，在国内外造成恶劣影响。2018年11月26日，有逾百名科学家联名发声，坚决反对、强烈谴责人体胚胎基因编辑。联名信称，这项所谓研究的生物医学伦理审查形同虚设，直接进行人体实验，只能用"疯狂"来形容。2018年11月26日晚，中国和世界多个国家的科学家陆续发声，对贺建奎所做的实验进行谴责，或者表达保留意见。科学家的批评埋由大致有三个方面：第一，这次基因修改使两个孩子面临巨大的不确定性。第二，这次实验使人类面临风险，被修改基因将通过两个孩子的基因最终融入人类的基因池。第三，这次实验粗暴地突破科学应有的审查程序，在程序上无法接受。2018年11月27日，中国科协生命科学学会联合体发表声明，坚决反对有违科学精神和伦理道德的所谓科学研究与生物技术应用。事件发生后，中国国家相关部门迅速回应，广东省"基因编辑婴儿事件"调查组负责人表示，对贺建奎及涉事人员和机构将依法依规严肃处理，涉嫌犯罪的将移交公安机关处理。对已出生婴儿和怀孕志愿者，广东省将在国家有关部门的指导下，与相关方面共同做好医学观察和随访等工作。值得注意的是，随着贺建奎涉及司法及其他问题，他负责的基因编辑项目停止，"露露"和"娜娜"出生以后，她们未来的生活遇到的风险、以及成长中可能遇到的困难则无法预测。

学家联名谴责。据悉，贺建奎团队对出生双胞胎的一个基因进行了修改，并试图使她们出生后即能天然抵抗艾滋病病毒。也就是说，贺建奎已经在人类身上进行实质性的基因改造，并且跳过动物体胚胎培育这一步试验，直接在人尚未出生之时就改变人体某种功能，而这种改变具有决定意义，可能带来的风险则是无法预期的。贺教授的做法引起了国际、国内同行的一致批评，而专业人士的反对至少可以说明一个问题：对人体基因进行修改，无论是出于什么目的，在当前的科研条件下都是不被认同的。事实上，无论是"人兽杂交胚胎"实验，还是基因编辑人，这些研究人员共同的特点就是，拒不承认人类的有限性、不完美、先天缺陷，他们试图通过局部的器官移植或者根本的基因修改，来达到改造人类的目的，从而使人类身体不断得到强化和更新，最后趋向和实现肉身不死不朽。这种想法让人类不得不重新反思一系列问题：人到底是什么？不死、不朽的人是否还是人类？人类何以称其为人类？如果人类本就是有限的、会腐朽的、会死亡的。那么，当人们强行改造人，试图改变人的本质特征，这是在消灭人类，不是在为人类谋福利，它是一种试图充当上帝角色的狂妄僭越的行为。哲学家蒙田说："死亡是我们存在的一部分，其必要性并不亚于生活。"人类希望通过科学技术的方式实现长生不死，实现个体生命不朽，这种想法和做法实际上是十分危险的，就像清华大学哲学系教授、伦理学家卢风先生指出的那样："个人只能追求文化意义上的不朽，而无法追求个人生命的不朽。人应该安于有死的宿命，居仁由义，珍惜生命的每时每刻，做于己于人皆有所裨益的事情。"[①]

卢先生认为，万事万物皆有始有终，个体生命不可能不死不朽；人注定会死，当有人力主用科学技术去实现个人肉身生命的不朽时，这其实是人类最不安分的妄念，它是有违人类本分的事情。人要安于有死的本分，这是人类时时刻刻都不能忘记的事情，没有死亡的人类首先是不可想象的，其次它或许已经不再是人类。

---

① 卢风.浅议死亡与不朽［J］.中国医学伦理学，2017（3）.

无论人类的科技如何昌明发达，也无论人类追求不死不朽的心愿有多么强烈，试图通过肉身不死的方式来实现个人不朽是狂妄的，其前景充满风险。人类生物科技的发展就像核武器的出现一样，在拥有巨大威力、带来便利的同时，它潜藏着巨大风险、以及各类难以预料的后果。如果人类恐惧核武器的威胁，是因为它会造成整个地球生物圈的毁灭，那么，生物科技对人类以及其他物种的改造，则意味着取代人类物种的其他毁灭性生物的出现，许多科幻电影中出现的可怕生物，就是人们把此类担忧转化成的具体影视形象。

近代以来，宗教神学一统天下的局面被打破，自然科学走向独立自主，新科技革命日新月异，这给现代人以巨大鼓舞，人类社会似乎进入了一个新的阶段，人类俨然成了世界的真正霸主。对于人类而言，似乎上无神灵可敬，下不受自然环境限制，上天下地，无所不能，人类似乎成了世界的唯一主宰。在这种背景之下，人类的信心与野心空前膨胀，似乎人类正在成为神的代言人，人类必将战胜和征服一切。而在这种态势之下，盲目乐观的科学主义者直呼要改造人类本身，最后战胜人类最大的敌人——死亡。从这时起，但凡人类身上的任何缺陷与不足、人性和生命的脆弱，以及人类与生俱来的限制性等，都成了需要改造的对象。最后，连同死亡，都要得到纠正，人类似乎不能再忍受自己的不完美了。因此，无论是流行于某些国家与地区的美容、整容产业，还是随处可见的人体器官移植，抑或是科研领域的人类基因编辑，无不透露出同样的信息——人类现在有信心和能力改变人类与生俱来的缺陷和问题，从而让人类趋向完美。

2020年初蔓延全球的新冠肺炎疫情，一个名不见经传的新型传染病毒却让全世界的人头疼，疫情来势汹汹，各国人们死伤无数，而全世界的科学家却束手无策。这一点或许给了我们一个启示：人类当前达到的科学水平还远远不足以让人们忘乎所以，更谈不上永久性地改变人类命运，实现肉身生命的不死不朽。恰恰相反，人类的渺小和脆弱再一次在灾难面前暴露无遗，人类依然是自然界中的一员，绝不是统治者、霸主。

对于人类的死亡问题，科学主义者当前无法通过肉身不朽来扭转乾坤，关于死亡的意义与生命的价值更是难以进入他们的"法眼"。医学可以界定人类肉身死亡的标准，判定人类的死亡，但是，这远远不足以理解和解释死亡现象的非生理性意义，当然更不用说安顿人类的生死问题了。按照他们的信条，标准的科学主义者只能墨守对人类身体各种指标的分析与判断，除此之外，他们甚至不能多说一句相关的话，因为意义部分对他们来说是无法证实的，因此，不能接受，也不应该主张。但是，人类的死亡问题关键之处就是意义问题，它是人类文化层面的事情，而不仅是肉身死亡的问题，人们甚至可以想象自己肉身死亡、腐烂、被处理的过程，而且，人们担心的死亡问题还远远不是肉身死亡的问题，诸如不舍得离开人世、还有许多未竟事业要做、怕后世不记得自己、怕死了以后不知灵魂向何处去、怕死后遭人非议、受到不公评判等。

人类的本质是文化的，不是肉身的，人类追求的应该是文化的不朽，而不是肉身的不朽。人只有安于自己有死的本性，接受生命的有限性、脆弱性、不完美等特性，才能够算是一个真正的人，而不是"冒充的神"。人也只有在自身不完美的基础之上，通过人类文化不断完善自己，使自己的族类不断趋向文明，真正成为地球上一个值得尊敬的、令人骄傲的族类。

（四）最大的确定性

海德格尔说："死亡作为此在的终结乃是此在最本己的、无所关联的、确知的，而作为其本身则不确定的、超不过的可能性，死亡作为此在的终结存在，在这一存在者向其终结的存在之中。"[①]

死亡是确知的，坦然接受死亡的降临，这应该是人类超越死亡的起点。但是，死亡本身又是不确定的，确切地说，它于何时、何地、以何种方式降临则是不确定的。由于人们害怕死亡，习惯掩盖死亡真相，并

---

① 〔法〕海德格尔. 存在与时间〔M〕. 陈嘉映，王庆节译. 北京：三联书店，2006.

且，总是把死亡看作只是将来才会发生的事情，与我们现在无关，所以人们才变相地把死亡贬低为微不足道或者推迟到很遥远的未来，从而达到与死亡隔绝的目的。但是，这样一来，人们就向自己掩盖了这样的事实，即死亡并不是未来某个时刻才会降临的事情，它实际上每一瞬间都可能会发生，也就是说，人类死亡从来就不像科学主义者主张的那样，它可以等到人们把一切都准备就绪才会降临，甚至可以等到人类科学技术完善、完美以后才把人从死亡的魔掌下拯救出来。实际情况却是，死亡从来不会等人们做好充分准备才到来，它随时可能降临到每个人头上，包括那些宣称要征服死亡的人。

死亡总是在不经意间就已经环绕在人们身旁，它出现在科学家的实验室中，出现在普通人的家里，出现在行政人员的办公室中，甚至出现在万众瞩目的明星舞台上……人类自诞生之日起，所有的发展阶段，无论是刚出生的婴儿，还是成长中的少年，抑或是白发苍苍的老人，死亡对于人们来说都是一视同仁的。不同年龄的人看起来离死亡的距离远近不同，但是，实际上他们跟死亡的距离是一样的，任何一点意外，任何一件微不足道的小事，都足以让人们站在死亡的面前。一场地震，一次洪水，一起车祸，一次瘟疫等，都可以让人们的年龄差异在死亡面前瞬间消失，这对所有人，不管什么样的社会地位或扮演什么样的角色都一视同仁。因此，有人说，死亡对于所有人来说是最公平的，因为它无视一切差异，不顾人情颜面，蔑视一切特权，在死亡面前只有一种身份，即将要死去的人。

科学技术不可能随时随地前来挽救人们的性命，更不可能帮助世间所有人摆脱死亡。事实上，过去的人都已经死亡，现在的人正在不断死去，将来的人还会继续死亡，死亡事实最大程度地告诫人们，人走向死亡是不可避免的，这一点是确定无疑的，并且，死亡是每个人的终极宿命，是人生最大的确定性。

所以，走向死亡是人类的本性使然。弗洛伊德说，"人的生命中有一种死亡本能，它与性本能，即生的本能相对相抗，死亡本能让人趋向解体，走向无机界，当死亡本能战胜了生的本能时，生命就无可挽回地逝去，任何生命都是如此。"人类不应该躲避死亡，更不能妄图取消它，而是要忍受和接受死亡；并且，是在死亡确定又不确定的这种特性中忍受死亡。哲学家海德格尔把这种忍受死亡的方式看作是人类存在的最后理想，他称这种忍受死亡为先行到死亡中去。也就是说，只有在这时，在"先行到死"的领会中，人们才完全体会到真实的个人一无所有、毫无遮挡地暴露在死亡面前，人随时可能被死神召唤，这就是人类最真切的存在处境。当人们直面最真实的死亡境遇，并使出最大的努力，才可超越死亡。

迄今为止，人类许多战胜死亡的努力与貌似有力的成果都是微不足道的，都是失败的。人们一直努力寻找的试图超越死亡的方式其实离自己的生活并不遥远，它一直存在那里，但是我们却习惯了对它视而不见。

死亡是确定的，人皆有死，这是总体上理解的确知的死亡，但它还不是绝对确定可知的死亡，因为死亡对于每个人来说是最高程度的或然的，我们根本不知道死亡何时降临，谁也重复不了自己的死亡事件，死亡不像其他领域的理论认识，有确定性，比如，天文学可以确认日月星辰的运行规律和周期，可是死亡则不同，死亡只能具有经验上的确实可知，但又并不是完全的确知，就像死亡何时发生这样的事情，只有它完全发生了以后我们才能确知，但是，在此之前却难以预料。

死亡终结的事情，它不同于人在纯理论思考中可能认之为真的事情，比如我们思考1加1等于2，并确信其为真。但是，这种确知在死亡这里是无法进行的，这种死亡的不确定性又是死亡令人感到神秘的地方。虽然人们不能确定死亡何时、何地、以何种方式降临，但这并不影响死亡是人生最大的确定性，因为无论死亡何时、何地、以何种方式降临，它都是个人最后无法越过的界线，即死亡终会降临，死亡降临后，世上不会再有自己任何的可能性，就像哲学家海德格尔说的，我们"必得把死亡理解为最本己的、无所关联的、超不过的、确知的可能性"，只有这样，人们对于死亡的理解才开始完整。人们说知道死亡一定会到来，但是它尚未到来，因此，我们不用着急，也没有必要现在就直面它，这样，死亡的不确定性就变成了理解死亡的负担，死亡的当下可能性就被人们硬生生地从生命中切割了。这是人们回避死亡和曲解死亡不确定性的方式，死亡的不确定性恰恰是以它随时可能降临的确定性作为背景和前提的，因为死亡的真相是，死亡一直都在向我们走来的路上，它与我们终生相伴，并随时待命，一直等着取人性命。人们无法把死亡放逐到未来，死亡不全属于过去与已故的人，它就在当下，就是来取我们性命的。因此，人们不能沉醉在琐碎中放任自流，而要努力承担起自己的存在、去存在。

人自出生以来，一直就处在"向死而在"的境遇中，这是人生最确定的事情，尽管死亡事件降临的不确定性让人们习惯性地把死亡推向遥远未来的某个时刻，然而，这依然改变不了死亡随时近在身旁的事实。人只有清醒地意识到这一点，并且不是假装认同死亡总是必然伴随个体左右，那么，才会严肃认真地对待自己和他人的死亡，重新评估自己的人生及其意义，同时，不断从人类历史上留传下来的文化遗产中汲取力量，寻找到适合自己的死亡超越之道。

第五章

超越死亡

人一出生，就在无可避免地走向死亡，直到死亡最后来临。生与死有时仅是转瞬之间的事情，生容易看到，方便观察，易于接受，而死似乎总是难以接受、不受欢迎，并难以理解的。

人们常说的超越生死，从根本上说无非就是认识死亡、理解死亡、接纳死亡的过程。在我们看来，超越死亡不是要改变生命的长度，不是要拒绝死亡的存在，更不是要实现肉体的长生不死，而是要在对死亡有所认识的基础上改变个人对待生命的潦草态度，确立认真的死亡态度，确立真诚的死亡信念，从而帮助自己度过死亡恐惧的河流，最终坦然面对生命的终结，并在死亡到来时心安理得地离开人世，甚至祝福尘世的一切，畅想精神和文化生命的永恒。

从世俗的意义上看，人们希望的超越死亡，通常内容比较简单，大多数人无非是希望尽量延长生命的长度，哪怕苟延残喘，生命质量低下；另一种情况是希望在人的肉体身上实现永生不死，不断更新生命，有如神仙般长存。在这两种情况下，超越死亡只是在抗拒死亡，拒不接受死亡的命运，而期待肉体永生的死亡超越，严格来说，这种情况不是超越生死，人们希望通过各种途径达到的无非是维持一种自然的原始生命状态。虽然人们认为这就是在超越生死，实则这样的人生并没有超越，这样的生命只是在无限地重复，并没有本质的改变。没有死的启发，生并不足以成其为生；没有死的觉醒和触动，生只不过是如同万年巨石一般，冥顽不灵。

在这里我们并不是要兜售或者秘传一种长生不死的方法，相信任何人都没有这样的方法——人类并不能够改变死亡的命运。因此，超越死亡的方法只能是直面死亡和接受死亡。没有死亡的生命或许不是人类生命，而没有死亡意识的人生可能是不健全的人生，没有死亡的逼近，生命的高峰就不会到来。

生死事大，古往今来，人们都孜孜以求地要超越死亡，或者说，死亡一直逼着人类给它一个交待——人以何面目去面见死神？人凭什么在死亡面前过关？怎么安抚和转化人们内心的死亡焦虑和恐惧情绪？所谓坦然面对死亡，无非就是直面死亡与内心的恐惧；而超越死亡，则是给死神一个理由，给自己一个阶梯，给未来一个承诺——理由是虽死犹生的信念，阶梯是度人度己的方法，承诺是与死亡和解的证明。无论人们如何超越死亡，人总是不可避免地要对生死进行理解和解释，甚至对安顿生死的世界进行设想，进而找到解脱生死的方法和路径；接着，就可以把自己的生死信念融入到日常生活中；最后，修通前往死亡疆域的道路，与死亡会师，握手言和。

死亡并不可怕，可怕的是人们找不到抵御死亡的有效机制和超度生死的方法，以至于没有完整的生死信念，也不相信死亡可以当下超越，因而深陷死亡困顿之中。一般而言，超越死亡需要三件法宝：一曰信念，或说生死观念；二曰法门，或说直面死亡的方法；三曰信心，或说坚固的超越死亡的理由和承诺。

人类历史上有太多超越死亡的方法，而每个人都可以选择自己超越死亡的方法。通常，在同一个文化体系下，死亡的安顿总有某些相似之处，诸如共同的信念、共同的日常生活、共同的社会愿景和人生理想等，这些东西为人们超越死亡准备了充足的养料。

一、生顺死安

"志士仁人，无求生以害仁，有杀身以成仁。"

——孔子

（一）成仁取义

杀身成仁、舍生取义，这样的故事总是令人感动而惊叹。南宋诗人文天祥留下了"人生自古谁无死？留取丹心照汗青"的名句后，从容就义。文天祥在《自赞》中说："孔曰成仁，孟云取义，惟其义尽，所以仁至"。"成仁取义""仁至义尽"大概是他一生的写照。所谓仁至义尽，是国人常听到的，那么，为什么"仁、义"二字可以让人不惜"杀身、舍生"呢？中国历史上无数仁人志士，在民族存亡、国家危难之时挺身而出，捐躯救国，这种情形在令人动容的同时，总不免让许多未亲历其境的普通人感到困惑——难道仁人志士就真的不怕死吗？这种疑问在和平年代更加盛行，在自私自利的人看来，这几乎是不可能的——还有什么比保住自己的性命更要紧的呢？其实，这种疑问里有一个非常重要的比较——有没有什么东西比死亡更可怕？换句话说，有没有什么东西比人的生命更重要？对于那些困惑不解的人来说，他们大概会觉得没有什么东西比生命更重要，因此，仁人志士也是怕死的，他们选择赴死时要么不可信，要么是无路可走了。但是，如果人们相信有比生命更重要的东西，并且认为，如果不守护这些比生命更重要的东西，那么其后果比死亡更可怕，这样一来，死亡恐怕就不是人最担忧的问题了。

在不少人心目中，确实认为有比死亡更重要的东西，比如说，几乎每个临近生命终点的人都会惦记或牵挂一些人和事，并且认为有些事情比他们的生命更值得惦念，这种现象无论是普通人，还是舍生忘死的仁人志士，在他们身上都有体现。他们坚持认为，有些东西哪怕是死都不可以放弃，因为这些东西就是比生命更重要的东西。这样的东西有很多，但是，衡量这些东西的标准却总是惊人的相似，那就是对他人、对他物的热爱、牵挂和惦念。人们常常付出对他人、他物的爱而不惜接受死亡，忘却生命，当人们可以为了心中的爱而倾力付出，甚至不计得失、不惜身家性命时，这就是文天祥他们所说的"成仁取义、仁至义尽"。

无论人们如何解读"仁义"，对于面对死亡的人来说，爱和正义总是人们力量的来源，就像苏格拉底解释的"勇敢"一样，"人们对于正义的事情之坚守"就是勇敢的，这种勇敢与通常的所谓"坚强"还不一样，它不光告诉人们何以如此、必须如此，以及不能违反的理由，人们只要这样做了，就能从中获得战胜困难的力量。反过来，一旦人不这么做，就会失去对自己的尊重、信心和勇气，会觉得自己毫无价值，或者被一种东西强行驱逐，甚至觉得自己颜面扫地，失去了作为人最起码的尊严和自尊。换句话说，人们心中总有一些价值和评判标准是自己无法放弃的，这些东西比性命更为重要，人们只有服从它的召唤，作为人的起码尊严才能得到自己的认同。所以，无论谓之"仁义"，还是"爱或正义"，它的所指和效验都是一样的，它是人之为人的依据。人之为人，依据这些标准行事，就可以堂堂正正地做一个真正的人，从而无所畏惧。因为这些根本的价值标准赋予人们力量，帮助人们克服对死亡的恐惧，超越死亡。《世说新语》中有个故事，故事主人公的想法和做法令人感动：

> 荀巨伯远看友人疾，值胡贼攻郡。友人语巨伯曰："吾今死矣，子可去！"巨伯曰："远来相视，子令吾去，败义以求生，岂荀巨伯所行邪？"贼既至，谓巨伯曰："大军至，一郡尽空，汝何男子，而敢独止？"巨伯曰："友人有疾，不忍委之，宁以我身代友人命。"贼相谓曰："我辈无义之人，而入有义之国。"遂班军而还，一郡并获全。[①]

对于荀巨伯来说，虽然留下来就有生命危险，但是，他认为不能抛弃自己有病的朋友独自逃生，这对他来说就是"义"，是"义所当为"。如果他真的"败义求生"，那么他会觉得自己德行有亏，是为苟且偷生，他不该如此，更不可如此。因此，他坚定地留下来，不惜冒着生命危险，陪伴、照顾和保护自己的朋友。

这个故事对于心中有所敬畏、有所坚守的人来说，必定有着明确的价值标准以及是非对错评判体系，而人们坚守的东西则构成了人的安身立命之所，它就是文化生命，它比人与生俱来的自然生命更重要。所以，

---

① 出自刘义庆《世说新语·德行》。

如果人们相信这些价值标准构成的文化生命比他们的自然生命更重要、更恒久，那么，必然相信在这些价值标准的指引下形成的人格品性（即文化生命）也会长久保存，不受死亡影响，会超越肉身限制，直至不朽。中国古人说"立德、立功、立言"为人生三不朽，实际上就是在这个意义上说的。伟大的人格形象，像孔子、孟子等圣贤人物的德行、事迹流传至今；伟大的功绩，像李冰、华盛顿等人留下的工程、政绩一直惠及后世；伟大的著作，像柏拉图、康德等留下的皇皇巨著至今仍影响着人们，这些人和事不断被后世传颂，其人格形象、文化生命在人类文明中实现了不朽。

（二）乐生忘死

孔子说"未知生，焉知死"，本是确有所指的，但却由此引发了人们不少关于生死问题的误解。根据《论语》记载，孔子与弟子季路有一段对话，季路问孔子"如何事鬼神"，孔子说，不能事人，就不能事鬼神。季路对孔子这个回答似乎不满意，于是，他再问孔子"死"是怎么回事呢，孔子回答说"未知生，焉知死"。孔子告诉季路：要知道"死"，就必须首先知道"生"。孔子为何要这样回答季路呢？这得从季路其人说起。季路是孔子的贤弟子之一，本名仲由，字子路，史书记载其人性情刚直、好勇尚武。在孔子的弟子中，季路以勇敢著称，连孔子都说"由也好勇过我，无所取材"——也就是说，子路本人勇敢果断，孔武有力，这样的人通常无畏无惧，不知死为何物，也不会怕死，或许孔子看到他这样的特点，希望他有所改善，给他勇武的性格中灌注一些仁义之念，而不是仅仅无惧死亡。所以孔子强调说：学会事人，才能事鬼神，知道了生，才能知道死。如此看来，孔子此语实有所指，他针对的是他的学生子路的特点，孔子希望子路多知晓和从事一些与生活有关之事，积极投入到现实生活中。所以用今天通俗的语言来说，人必须好好地生活过了，才可能知道死亡意味着什么。如果从来没有好好生活过的人，大概他们死前是空虚恐惧的，人只有学会好好地活着，体验了人世间的一切，体会生命的妙趣，履行了人世的责任，才能理解死亡的深意，才会心甘情愿地死去，才能最终学会好好应对死亡。

孔子的话，子路是如何理解和消化的我们不知，但子路的死或许说明他对孔子的用心有自己的理解，他捍卫了心中的道义，死得也颇为传奇，可谓惊天动地，司马迁在《史记》中记下了他人生的最后一幕：

初，卫灵公有宠姬曰南子。灵公太子蒉聩得过南子，惧诛出奔。及灵公卒而夫人欲立公子郢。郢不肯，曰："亡人太子之子辄在。"于是卫立辄为君，是为出公。出公立十二年，其父蒉聩居外，不得入。子路为卫大夫孔悝之邑宰。蒉聩乃与孔悝作乱，谋入孔悝家，遂与其徒袭攻出公。出公奔鲁，而蒉聩入立，是为庄公。方孔悝作乱，子路在外，闻之而驰往。遇子羔卫城门，谓子路曰："出公去矣，而门已闭，子可还矣，毋空受其祸。"子路曰："食其者不避其难。"子羔卒去。有使者入城，城门开，子路随而入。造蒉聩，蒉聩与孔悝登台。子路曰："君焉用孔悝？请得而杀之。"蒉聩弗听。于是子路欲燔台，蒉聩惧，乃下石乞、壶黡攻子路，击断子路之缨。子路曰："君子死而冠不免。"遂结缨而死[①]。

当时，子路在卫国做事，恰逢卫国生乱，人皆走避。子路本不在国内，他闻讯以后，不听劝阻，立即返回国内，力求有所助益。他的朋友劝他不要回去，子路却说："食焉，不避其难"，"利其禄，必救其患"。子路明知此去必是凶多吉少，但是，他认为食人之禄，应该忠人之事，应该见危授命，临难不避，哪怕战死，也应该返回国内，帮助国人。回到国内的子路，由于势单力孤，被围困后重伤，命在旦夕，最后，连帽子上的缨也折断了。但是，就在临死前，他却说"君子死，冠不免"，遂结缨端坐而死。子路在这最后的时刻，用尽全身力气，整理好衣服和帽

---

① 出自司马迁《史记·仲尼弟子列传》。

子，端坐于敌前，以一种君子的优雅姿态，近乎惨烈的方式，庄严而悲壮地结束了生命。子路的死应是从容的、堂堂正正的。像子路一样舍生忘死的故事常常令人动容，人们感慨和敬佩英雄豪杰超出常人的勇气和胆识。但是，人们也常常忽视了英雄豪杰、仁人志士舍生忘死背后的道义标准，实际上，这些道义标准是支撑那些英雄豪杰、仁人志士无惧死亡、舍生忘死的理由和勇气来源。

舍生取义、杀身成仁，令人动容的同时，总显得有些悲壮，其情境也比较特殊、甚至有些极端，在人们的日常生活中，大多数时候人们无须在生死之间做出抉择，《论语·述而》中记载了另一个关于孔子与子路的故事，也同样令人感慨和深思：叶公问孔子于子路，子路不对。子曰："女奚不曰，其为人也，发愤忘食，乐以忘忧，不知老之将至云尔。"

叶公，有人认为就是"叶公好龙"的故事中那位叶公先生，有人认为叶公是墨家者流，《论语·子路》中记载了叶公向孔子问政的故事，还引出了著名的"父亲偷羊，儿子是否应该揭发"的讨论。当然，无论是哪种情况，当叶公向他询问孔子是个什么样的人的时候，子路大概是看不上此人的，也可能子路自认为无法概括孔子的为人，所以，他没有回答叶公的问题。最有趣的是，孔子知道以后，他把自己描述了一番："发愤忘食，乐以忘忧，不知老之将至"，用今天通俗的语言来说，孔子认为自己每天的生活其实就是勤勤勉勉的，干啥事都开开心心，有时甚至太投入了会忘记吃饭之类的事情——他做事时乐在其中，这样不知不觉竟过了很久，他居然忘记了自己的年龄，忘记自己已经老了。从这段话中，可以看出，孔子身处这种境界已然很久了。有人会说，孔子是不是太夸张了，世上还有谁能忘记吃饭和年龄这样的事情？不过，从孔子的描述中可以看出，他是在描述自己的生活状态，十分自然，俨然一副乐天派老人的形象，他每天认认真真地工作、生活，总是开开心心的，这实属不容易。

孔子的境界至此，着实令人羡慕，更有意思的是，他是快乐的，甚至快乐到忘记了生命、忘记了时间的流逝。"子在川上曰：逝者如斯乎，不舍昼夜"，乐而忘忧、不知老之将至，而且已经忘记了时空，忘记了生命的流逝，甚至忘记了生死之间的区别。乐生忘死，不是真的没有死亡，而是在生命、生活的乐趣之中，已然不觉得死亡存在了。人能乐而忘忧、乐而忘死，这背后有着世界生生不息的信念，所谓"鸢飞戾天，鱼跃于渊"，大自然中万物自得其乐、生动活泼的形象，总能让人看到生命无限的可能。

《礼记·中庸》有一种观念，认为人能够"赞天地之化育"，即"惟天下至诚，为能尽其性；能尽其性，则能尽人之性；能尽人之性，则能尽物之性；能尽物之性，则可以赞天地之化育；可以赞天地之化育，则可以与天地参矣"，即人与天地万物生生不息，人类可以促成天地万物变化流行、生生不息。

中国古人认为，天地之间生意盎然，生命之流生生不息，因此，人们要顺承天地之间的生机，参赞天地之化育，任其生息流行，甚至效法和促成天地万物生生不息之道。自然界中，生命之间互相接引、流行化育、生生不息，生命现象在天地之间从未停息过，所以生命传承不会结束。

人类自其生命发源之初，就已经在不断地向生命生息存续进发了，嗷嗷待哺的婴儿，食量大增的青少年，为生活奋斗的成年人，不愿失去生命的老年人，几乎每个年龄段的人，都在努力听从生命不息的内在呼声，并不断奋斗和维持生命。当人们把生命的这种特点比照天地间的其他生命，大概也能发现同样的生命现象，天地间其他生命一样也在为了维持自身、创造自身、延续同类而不断生成变化。从这些生命现象出发，中国古代的先哲构建出一个生命哲学的体系——天地之间生物成物、生生不息，天地生人、生成万物，就是在不断地创造生命、维持生命、延续生命，进而让天地之间生生不息、流行不断，从而让天地生生不息的精神得到显现。中国的先哲们告诫人们，人要向天地生生不息的精神学习，效法天地生生不息的生命精神，所谓"天行健，君子以自强不息"，就是要效法天地万物生生不息的精神。如果说生命精神是生生不息的，那么，相反的情况是，任何加害生命的举动就是有违生命原本精神的，生命生生不息是人生的常道。因此，人们无论是积极地投入到人世的各种事情中，还是仰观天地、俯察万物生生不息的精神，各种体验都能让人们更多的看到是世界生动活泼、生命力旺盛的一面，因为它是人类生活的常态，因而乐生忘死就自然可以成为人们的一种生活方式了。

（三）视死如归

北宋思想家张载留下的名句："存，吾顺事；没，吾宁也"，[1]可谓是坦然面对死亡最好的写照——生顺死安，活着的时候尽人事，有所作为，死的时候听天命，坦然接受，死得安宁。这种想法鼓励人们积极投入人世生活，好好地生活，在人世、人伦关系中安顿自己，无论贫贱富贵、顺境逆境，皆坦然接受，一力承担，顺势而为。张载一生的所作所为都在诠释他这种理想，尤其是他面对生命终点时的坦然更是令人动容。

据《宋史·张载传》记载，张载去世的时候他身在异乡，重病缠身，身边熟悉的人寥寥无几，死后甚至无钱殓葬[2]。张载晚年被推荐到太常礼院做官，但是，因为张载与太常礼院的官员争论时观点不一致，所以他以生病为由辞官归去，可是，张载刚走到半路时，病情就加重。同年十二月，张载行至临潼时，入住在馆舍，他感到身体十分虚弱。张载大概觉得自己将不久于人世，所以当天晚上他特地洗了个澡，换了身衣服，然后安静地睡去，第二天清晨，张载与世长辞，享年58岁。据史书记载，张载临终时，只有一个外甥在他身边，张载死后，由于贫困，竟然没有入殓下葬的钱财（或办法），此时，张载在长安的学生闻讯赶来，才得以出资买棺成殓，护柩回到横渠。张载的一生，两被召晋，三历外仕，著书立说，却终身清贫，殁后竟贫无以殓。

"为天地立心，为生民立命，为往圣继绝学，为万世开太平"，这著

---

① 出自张载《西铭》。
② "因吕大防之荐，诏知太常礼院。与有司议礼不合，复以疾归，中道疾甚，沐浴更衣而寝，旦而卒。贫无以敛，门人共买棺奉其丧还。"（《宋史·张载传》）

名的四句话就是张载之言。张载的理想、气魄和心胸在这四句话中体现得淋漓尽致。然而，张载晚景凄凉。这样一种场景，对于普通人来说必定难以接受，这样的死亡更是无比可怕：疾病缠身，没人照料，死在异乡，没有告别场景，没有可选的临终托付之人，最后，险些连丧事也没钱、没人料理。可是，张载面对死亡时的坦然却令人由衷敬佩，这正应了他那句"存，吾顺事；没，吾宁也"。张载如此宁静地就死了，没有哀嚎，没有悲戚，甚至都看不出他有丝毫惊慌、恐惧，真可谓"生顺死安"！张载的死，虽然史书只是轻描淡写，但是史书记载了这最后一幕，以及张载死后无钱殓葬的情形，无形中让张载的形象显得十分高大伟岸：如此一个大学问家、政治家、军事家，成就甚大，这从他死后的封号以及后世学人的推崇可见一斑。

张载说"富贵福泽，将厚吾之生也；贫贱忧戚，庸玉汝于成也"，他的所思所想、所作所为，确实体现了不为"富贵福泽、贫贱忧戚"所扰的圣贤气象。

孟子说"富贵不能淫，贫贱不能移，威武不能屈，此之谓大丈夫"，张载真可谓大丈夫、真君子。中国当代学人周国平说如果一个人在未完成的心态中和死亡照面，他就会感到突兀和委屈，乃至于死不瞑目。但是，只要我们认识到人生中的事情是永远做不完的，无论死亡何时到来，人生永远未完成，那么，我们就会在生命的任何阶段上与死亡达成和解，在积极进取的同时也保持着超脱的心境。

人生的完满落幕，应该是"生顺死安"的，既认真履行了人世的各种义务和责任，又没有什么遗憾、恐惧可言，当人们接受了人生的诸顺逆之事和各种挑战，与死亡最终达成了和解，就是走向死亡的时候了，就像劳累了一整天，奋斗了一生，最后要回家了一样。马丁·路德说"死亡并不是人生的结束，它只是生涯的完成"，死亡确实是人世生活的结束，操劳了一生的人应该归去了，回家了——如果人能这样看待死亡，视死如归，那么，死亡也没有什么可怕的。

二、长生久视

（一）道法自然

中国古代思想家庄子对于死亡的看法比较特别，历史上一直流传着庄子"鼓盆而歌"的故事，他的思想对于后世中国人影响也比较深远。相传，庄子的妻子去世了，庄子家里的儿女和亲人哭成一片，而庄子为了安慰自己的儿女和亲人，竟然一边敲打着瓦缶，一边唱着歌，歌词是"生死本有命，气形变化中。天地如巨室，歌哭作大通"，在庄子看来，天地间气化流行，人的生死实属命运决定，死者已矣，生者唯有长歌当哭，为其送行。

庄子"鼓盆而歌"的故事，在当时引起了轰动，在今天看来，仍然让许多人觉得有些不近人情，甚至有些荒诞。当时不少人接受不了庄子的做法，他的朋友惠施就是其中之一，惠施对庄子的做法提出了质疑。相传，惠施前往庄子家吊唁庄子的亡妻，却看到庄子岔开两腿，坐在地上，一边击缶一边唱歌，面无悲色。于是，惠施十分不解，他带着有些责备的语气质问庄子：妻子跟你在一起生活那么多年，视你如此重要的一个人，和你生儿育女，一直照顾你、帮助你，现在她死了，你不哭不悲伤也就算了，居然还在击缶而歌，是不是有点过分啊？惠施这种不解和愤怒，大概是所有正常人看到庄子的做法时都可能会有的。面对惠施的质问，庄子淡然地回答说：妻子刚死的时候，其实他也很伤心，也难以释怀，不过，后来他在观察妻子的生死变化时发现，开始这世界上没有他的妻子，她不曾出生，也不曾有形体，也没有生命。后来，天地之间起了变化，一气流行，因而有了妻子的形体，妻子形体出现后有了她的生命。如今，循环往复，天地之气再起变化，于是，她又重归无形、无气，失去生命，恢复到原初的样子，人的这种变化跟春夏秋冬四季运行一样，自然而然，都是天道自行变化的结果。庄子觉得生死乃天命所归、天道流行，是自然而然的事情，所以他不应该悲伤哭泣，而是要"鼓盆而歌"，为之庆贺，为之歌唱。也就是说，在庄子看来，人的生命是气之所聚，人的死亡是原气散尽，生死乃是天地间一气流行，自然而然的事情，生死的过程不过像四时运行一般，没有什么可悲伤的，天地就是如此，无偏好、常流行。老子所说"天地不仁"，大概也是这个意思。

天地之间万事万物都是如此，生生灭灭，起起落落，仿佛冥冥之中有什么东西在主导一切。但是，主导者不着痕迹，不强加于人，任事物自然生灭，无为而无不为。这样一种东西，老子把它称作"道"。"道"被认为是生成天地万物、主导天地万物、包藏天地万物的承载者，它无时不在，无处不有，万物无不由之主宰。而庄子把天地万物的生死现象看成了道的显现，人死了，不过就是回归了道体，融入了永恒流转的大道之中。因此，庄子说："古之真人，不知悦生，不知恶死"，甚至不"以生为脊，以死为尻"，而是看到了"万物一府，死生同状"。即人们要有意识地坚持"生死存亡之一体者，吾与之友矣"。

道的存在，道的信仰，是中国人另一种超越生死的观念。在这种观念之下，古往今来，道一直存在，大道包藏一切，而万事万物的生成变化、流转不息，不过是大道的外在表现。任何违逆大道、违背天道的事情都是不可能的，比如，有生必有死，有始必有终，没有人可以一直活着不死，也没有事情开始了就不会结束。世界上唯一长存的是天道、大道，人只有从大道长存的视角来看待世间万事万物，才可能长生久视，人也只有奉道而行、回归大道，才是每个人一生唯一的正途。

（二）返璞归真

在老子关于道的思想中，有一种非同寻常的看法，即对强弱、高下、进退等抱着一种不同于一般人的看法。在老子看来，柔弱胜刚强，刚强者容易摧折、死亡，而柔弱则意味着生机和强大，所以老子非常推崇水，他说"上善若水，水善利万物而不争，处众人之所恶，故几于道"，即说水常常处在众人所厌恶的卑下之地，但是，世界上任何生命都离不开水，水在无形中滋养了天地万物。

老子认为，这世间的卑下之物、柔弱之物、不争名利之物，恰恰是最接近于道的，因此，老子提倡"无为而治"，无为而无不为，无为而任自然。天道本无为，因此，人当效法之。老子还说："人法地，地法天，天法道，道法自然。"人若能法自然而为之，那么，看待生死问题就淡然许多了，由于道是长存的，是无为而无不为的，因此，应该效法大道，顺其自然，在生死之事上，不要胡作非为，不要试图逆天改命，而要坦然接受，泰然处之。

在老子的认知世界里，人不应勉强行事，不应汲汲于求，不能强行造作，人若遵守了最简单的原则，比如抱朴守一、返璞归真、无为而治，反而可以得到意想不到的效果，老子说："天长地久，天地所以能长且久者，以其不自生，故能长生。是以圣人后其身而身先，外其身而身存。非以其无私邪？故能成其私。"[1]因此，人们若希望长生久视，需要的恰恰是任其自然生长，而不是加以主宰，或者强行干涉事物的发展变化轨迹。

老子的思想，对于现代人来说似乎显得有点不合时宜，但是，对人类强行蛮干的行为和想法的批评却是一针见血。当今人类试图掌握和主宰一切，这自然包括掌握和改变人的生死，人们为了延续生命甚至长生不死，花费了太多不必要的心力；各种"心灵鸡汤"、成功学不断地鼓动人们努力进取，甚至全然不顾个人身家性命；任何人的妥协退让、脆弱担忧、抱残守缺、简单纯真都被认为是有害的，人们甚至对此如临大敌，如此一来，人类本有的特征和天性被无情地牺牲和埋没了。于是，人们做得越多，强行干预得越多，就错得越离谱，离开"大道"也就越远。

---

① 出自《道德经》。

老子的"道"说对于今人实际上颇有启发：即人要充分认识人类本来的面目，不只有坚强、阳光和积极的一面；同时，还有脆弱、不足、残缺、死亡等晦暗的一面，这些特征是人类无法抹去的。因此，人应该回归真实，回归简单，回归本来的样子，而不是活在虚构出来的伟岸、光明、完美的世界里。老子说："道常无名，朴虽小，天下莫能臣。"纯粹、简单、真实或许才是大道的特点。所以，人若返璞归真，抱朴守一，那么，就可以"见道""得道"，就可以分享"道"带给人们的智慧和力量，从而能从容坦荡地生活，平静悠闲地生活，如此，在死亡的时候亦能坦然面对，无惧无畏，最终回归"道体"，进入"道"的世界。

（三）生死两谴

乐生恶死，是人类常见的习性。若生为人所喜，死为人所厌，那么生、死之间自然就随人之喜好而分出一个界线。人大多留恋生的美好，恐惧死亡。于是，生无法舍，死不愿受，可是，偏偏所有生命不可能长留，死亡不可避免，因此，人生最大的痛苦就产生了。《庄子》中记载了一个有趣的寓言故事，这个故事描述的与人们乐生恶死的喜好恰恰相反，故事从死后对人生整体进行反观，来思考人的生死问题，这样反其道而行之或许更具有冲击力。

庄子之楚，见空髑髅，骷然有形。撽以马捶，因而问之，曰："夫子贪生失理而为此乎？将子有亡国之事、斧钺之诛而为此乎？将子有不善之行，愧遗父母妻子之丑而为此乎？将子有冻馁之患而为此乎？将子之春秋故及此乎？"于是语卒，援髑髅，枕而卧。夜半，髑髅见梦曰："子之谈者似辩士，视子所言，皆生人之累也，死则无此矣。子欲闻死之说乎？"庄子曰："然。"髑髅曰："死，无君于上，无臣于下，亦无四时之事，纵然以天地为春秋，虽南面王乐，不能过也。"庄子不信，曰："吾使司命复生子形，为子骨肉肌肤，反子父母、妻子、同里、知识，子欲之乎？"髑髅深矉蹙頞额曰："吾安能弃南面王乐而复为人间之劳乎？"[1]

这个故事是说庄子要去楚国，他在途中看到人死之后留下的骷髅头，面对骷髅头，庄子开始想，此人如此不幸，死了，尸骨无人收殓，竟被抛在荒野，实在太可怜了，这个人到底是怎么死的呢？他有怎样悲惨的过往？于是，他与骷髅开启了一段有趣的对话。庄子问：你是贪生怕死、无理取闹而死？还是遇上亡国大难、遭刀斧砍杀而死？或者是行为不端，留下耻辱，羞愧而死？抑或是遭受饥寒灾祸而死？或者是享尽天年而死？总之，庄子心里有许多疑问，他非常关心骷髅是如何死的，显然，庄子的疑问中带着对逝者的同情、遗憾、惋惜之情，无论如何，人正常死亡也好，"横死"也罢，死，总不是一件好事，这是活着的人常有的想法。但是，故事的神奇转折却出现在骷髅托梦于庄子时，即骷髅作为已经死去的人，他对死亡的看法却与庄子完全不同——或许，骷髅托梦中，骷髅的想法才是庄子真正要表达的生死观念。

故事说，到了半夜，骷髅突然托梦给庄子，他回应了庄子的疑问。骷髅首先略带嘲讽地说："庄子啊，你是个能言善辩的人，虽然算个聪明人，但是，你可能还不够聪明，因为你只知生，不知死！在我看来，你说的那些全是活着的人的担忧，事实上，那只是一种负担，人死之后根本就没有那些忧患了。"骷髅又说："人一旦死了，在上没有国君统治，在下没有官吏管辖，也没有四季的操劳，更没有时空的限制，这样的生活难道不比尘世的国王更快乐吗？"梦里的庄子不相信骷髅的话，他认为这可能只是骷髅死了以后的托词，于是，庄子说："假设生命可以重来，神灵可以帮助你恢复肉身，让你重新长出骨肉肌肤，重新获得生命，重返人间，回到有父母、妻儿、邻里和朋友等的往昔生活之中，你愿意吗？"没想到的是，骷髅居然皱眉蹙额，毫不犹豫地拒绝了："我现在

---

[1] 出自《庄子·至乐》。

过得很自在，比人世过得更好，没有谁愿意抛弃比做国王还开心的生活，因此，我不愿意回到人世，再次经历人世的劳累和痛苦。"

　　庄子这个故事借着骷髅之口，描述了一种完全不同于世人常有的乐生恶死之观念，许多人喜欢活着，喜欢生命不断延续，这不过是以"生"来观"死"，但是，如果人们从"死"来观"生"，或许就是另外一番景象了。

　　当然，庄子只是想通过这个寓言故事告诉人们：若只知道生，不愿意了解死，只想活着，不愿意死去，这是有大问题的，这是一种片面的和不现实的生死观。反过来，如果说以"生"观"死"是片面的，那么，仅仅以"死"观"生"同样是片面的。人们应该看到在生死之间和生死之上有着更为重要的东西，这个东西就是既不偏向生也不偏向死的"道"。在庄子看来，"道"的运行就是天地之间的气之流行，人之"生"是由"气"化而来，人之"死"又化作了"气"，进入另外一个循环，以"气"为媒介，生与死相互连接、相互转化。当人们得"道"之后，体察到了天地万物之间的道之运行，便开始进入万物初始的混沌状态，从而体会到"天地与我并生，万物与我为一"的境界，体察到身体与万物相融，生命与万物共生并存，此时，生死之界就被打破了。而人一旦得"道"，又可以达到超越生死的境界。

　　《庄子·大宗师》中还描述了"得道"之人的体验以及"得道"的过程，"吾犹守而告之，参日而后能外天下；已外天下矣，吾又守之，七日而后能外物；已外物矣，吾又守之，九日而后能外生；已外生矣，而后能朝彻；朝彻而后能见独；见独而后能无古今；无古今而后能入于不死不生"。即人"得道"之后，便能达到无所谓生也无所谓死的境界，即"生死两遣"的境界，而"道"便是人们超越生死的那把钥匙。所谓"得道"，其实就是返璞归真，让世界万物回到原初的本真状态。通常而言，生命的来去都不是人为决定的，人们无法改变和阻止这个进程，人们能做的只能是顺应自然，正视生死，看淡人世的变化无常，通晓生命的意义，做到真正的"达生"。人也只有"得道"，到达超越生死的阶段，才能体会到人与万物是一体相连的。在万物形成的初始阶段，本就没有生死之别，当人拥有了这种"物我合一、物我一体"的境界，生与死的分界就失去了意义，人便真正超越了生死。

三、精神不朽

（一）天理人欲之战

老子之道，给人展示了一个超越时空、颐养万物、囊括宇宙的视域，人们只要体悟了"大道"，就可以进入一气流行、生死两谴的境界。因此，人们如若一心向道，不断修道，是可以得道并且超越死亡的。当然，如果人类一开始就是由"道"而生的，那么人又是因何原因而不知有"道"、与"道"断绝开来的呢？这个问题，人们可以有不同的回答，但是，其中有一种观点认为，因为人的肉体和欲望十分沉重，它导致人们沉溺于感性肉欲，从而遗忘和放弃了"道"所给予人的超越领域。因此，人类生命被认为具有两重性：一重是人的肉身以及人可以看得见、摸得着的感性世界；另一重则是由人的理性构成的"德性世界"。这两重生命意义不同，人的肉身被认为是短暂的、沉重的、堕落的、有死的；而人的德性则被认为是永恒的、超越的、上升的、不朽的。由于这两种相反的元素在人身上同时存在，因此，人永远处在感性与理性的天人之战中，理性代表人积极向上、阳光超越的一面；感性则代表消极沉重、阴霾堕落的一面。所以，人要获得真正的智慧，必须从理性的角度去克服感性的影响。即，人类要获得终极解脱，摆脱感性肉身的影响，只有在死亡发生的那一刻才能实现。死亡就是人类感性与理性的彻底分手，届时，人类感性消解，理性将取得决定性胜利，所以，人类的死亡不是一种痛苦的坏事情，恰恰相反，死亡是人类真正的纯粹生命开始的时候。换句话说，死亡让人彻底摆脱感性中激情和欲望的暴君统治，让人回归到理性彻底主宰的疆域，因此，死亡是一种解脱，也是一种超越。

哲学家柏拉图认为人的灵魂是不朽的，人的肉身只是暂时地承载着人的灵魂，人的灵魂之中包括三个要素：分别是理性、意志、激情，这三个要素若是在不同灵魂中呈现出不同的占比，各自起的作用不一样，就会形成不同类型的人。总之，如果人的灵魂中理性不占据主导地位，而是让意志和激情拖着走，那么，人就不可能形成好的德行，也无法对正义、美德、知识等有所认识和追求。更致命的是，意志和激情会让人留恋肉身的欢愉，害怕死亡的到来，从而导致理性所认识到的真理无法对意志和激情起主导作用，对人有所安慰。所以，对于人类而言，处在肉身中的灵魂必须时刻保持警惕，防范欲望和激情对人的诱惑和鼓动。而人类无法舍弃肉身生命，不接受死亡，不过就是不愿意看到或者根本看不到在肉身生命之上还有一个洁净空阔的理性世界。中国古代哲学家关于天理与人欲的讨论大概与此类似，宋代思想家们极力推崇天理，倡言抑制人欲，无非就是认为天理的世界更高尚、更恒久、更真实，就像南宋思想家朱熹的看法一样，"若理，则只是个洁净空阔的世界，无形迹，他却不会造作"。①

如果人害怕死亡，是害怕肉身的死去；并且，人还不相信肉身消逝以后有一个更加真实的理性世界，那么，这将是一个灾难——因为肉身死亡是必然的，人若除了肉身存在，不再相信别的东西存在，这对于信奉者来说，无异于把自己推向一个难以自处的死亡陷阱。可是，如若反过来，人们相信肉身存在是暂时的，而灵魂才是永恒的，灵魂不仅要不朽，而且，随着人类不断提升自我，在死亡到来的时候，人的灵魂就会由此进入一个更加纯粹、更加高级的阶段，即人其实并没有死亡，而只是通过死亡，进入了一个更高形态的存在，那么，人就没有必要害怕死

---

① 出自朱熹《朱子语类》卷一。

亡；反之，人应该欣然接受死亡，甚至歌颂死亡。换句话说，死亡是来帮助人类的，帮助人类变得更纯粹、更高尚，而不是要迫害人类，让人类变得更加痛苦和为难。

（二）神圣永恒的世界

如果人们相信死亡是灵魂与肉身的分离，死亡之时，灵魂会由此变得更加纯粹，那么，人类在还未脱离沉重的肉身、没有失去生命之前，要想获得智慧和真理，就必须警惕激情和欲望对人类的困扰，即让灵魂中的理性起主导作用，并通过求知、认识真理来洗涤人的灵魂。在柏拉图看来，人们日常生活中看到的流转变化的世界是人类感性所能达到的世界，而这个世界并不是真实的，因为它是变化的、有形的，人的肉身就只是这个现象世界中的一部分。现象世界生成毁灭、流转不息，它是真实世界的影像和仿本，而真实的世界是这个流行变化的现象世界背后那个无形的、永恒的理念世界。人类能看到的、变化的现象世界是暂时的，而这个现象背后的理念世界才是永恒的。永恒的理念世界是真实的、神圣的，因此，人类只有不断地回望理念世界，仰望神圣真实的理念世界，才能获得真知，获得智慧，从而获得超越生死的钥匙。古往今来，很多圣贤先哲都有跟柏拉图类似的想法——真实的世界必定是永恒的、神圣的、完美的、不变的，而暂时的、流转的、变化的世界就没那么真实了。如果人类生命终结，离开现实世界，有的人可以进入一个神圣永恒的不变世界，那么，这就意味着有的人进不去这个神圣世界，就像宗教信仰里天堂与地狱、人间与天国的分别，人能否进入天国、天堂，总是需要具备特定条件的，比如他是否信仰上帝，或者是否被上帝选中，或者是否洗净了罪恶，或者是否得到了上天的宽宥等。如果不具备这些条件，那么他就不可能进入天国或天堂。与此类似，有的人若是生前深受肉身困扰，没有主动洗涤灵魂，甚至故意作恶，那么，通往神圣永恒世界的大门就永远对他是关闭的。

一个人若是相信宗教提供的未来世界与终极承诺，那么，遵守基本教义和戒律就是帮助他死后进入未来世界的阶梯，这是信仰的一部分。如果一个人相信欲望确实会影响德行，影响通往纯粹理性世界的道路，那么，就必须追寻知识和美德，对欲望严加看管和防范。因此，理性期待的神圣美好的世界就与宗教中的天堂、天国、极乐世界其实并无差别，因为它们都可以成为人的信仰中一部分。这种观念，仅仅从求知和修养上看，可以在其中找到一条超越死亡的路径。柏拉图认为，人们求知，比如学习数学、哲学，就可以帮助人们接近真实的理念世界；而人们的日常生活，比如音乐欣赏、体育锻炼等，也有助于美德的形成，美德可以帮助人们接近理念世界。在中国传统哲学中，追求美德、德性修养更被认为是人一生的事业，《大学》中说："自天子以至于庶人，一是皆以修身为本。"即任何人都有修身养性、完善德行的义务。在儒家不断绵延的"义利之辩""天理人欲之争"的背后，或许思想家们更多关心的是真实的世界，即人们真正值得追寻和托付的世界，以及安身立命的地方——神圣世界。人只有分清这些事物的真假，以及主次先后、轻重缓急，才能把一生托付给神圣真实的世界。由于肉身存在，感性世界将伴随人的终生，有时候，即便理性世界与感性世界的要求看起来一目了然，但是，实际上在人们的生活中真假、义利、理欲之间常常难以区分，就像《尚书·大禹谟》中说的那样："人心惟危，道心惟微；惟精惟一，允执厥中。"这著名的十六个字被认为是中国古代圣贤一直不断传承的自我修炼心法，即所谓"十六字心传"，它非常清楚地描述出了"人心"，也就是柏拉图所说的灵魂中的欲望和激情的特点，人心时常受到利欲的诱惑、蛊惑；而"道心"，相当于柏拉图所说的理性，却又是精微难见的，因此，人要在有生之年获得超越生死的智慧，必须不断专注于"道心"，让灵魂中的理性起主导作用，小偏不倚地驾御欲望和激情，这样人才有希望获得智慧，形成好的德行，从而通达神圣的理性世界。

　　无论是基于宗教的神圣天国，还是基于哲学家极力推崇的理念世界，人们总是可以想象，这样一个世界是人死后可以预期的世界，它比现实世界更加真实，比人留恋的红尘世俗更加久远、美好。人若通过某种方式形成了这样一种信念，那么，死亡就不再是那么可怕的事情了。恰恰相反，这种理念给人们又提供了一个通往未来世界的承诺，让人们相信死后其存在仍然可以延续，甚至进入一个不生不灭的永恒国度。这对于人来说，或许是一种有效的安顿生死的方法。

（三）个体精神的圆满

死亡降临，肉身消逝，肉身始终是有死的，人无法回避肉身死亡的命运。更确切地说，肉身死亡让人真正回归到了初始状态，回到了灵魂不受肉体影响的纯洁状态。因此，死亡只是肉身的死亡，灵魂是无所谓死亡的。关于这一点，从前的人是深信不疑的，但是，近世以来，无论是从信仰的角度，还是从哲学反思的角度，对于人类灵魂存在的信仰，人们不再像往昔一般坚持。然而，今人之所以不相信人死之后灵魂仍然存在，大多是因为害怕肉身逝去，并试图抛弃理性领域，完全沉溺感官世界的结果。醉生梦死的人，当然无法相信看得见、摸得着的现象世界背后还有某种别的东西存在。如果人们无法看到或感受到人死之后灵魂的存在，就绝然否定灵魂存在，这就像相反的情况一样，有的人虽然看不到灵魂存在，却依然深信灵魂存在，这两者之间并没有本质区别：因为人既无法通过感觉确证灵魂存在，当然，也无法通过感知否定灵魂存在。人们无法否定的是，人在活着的时候有一个心灵，一个精神世界，这个心灵、精神世界伴随人终生，人们可以想象自己肉身死亡、腐化，但是，却难以在自己活着的时候想象精神世界死亡和消散。因为人的精神世界是看不见、摸不着的，但是却又一直存在于活人身上，而且，它对所有人都影响深远。因此，有的人不相信死后灵魂存在，但是有的人却依然希望甚至相信灵魂存在，对于相信的人来说：只有人死之后灵魂依然存在，人们在面对死亡时才不会恐慌；因为灵魂不灭，人死之时生命就没有断灭，人就不会有决绝的毁灭性痛苦。

如果人死之后，人们依然相信灵魂存在，并且，相信灵魂还进入了一个更高级、更纯粹的理念世界，那么，这种信念是可以让人安然面对死亡的。由于人们很难想象死后的世界是怎样的，因此，人们只能把与现象世界完全不同或者相反的特征赋予它，比如永恒不变的、神圣的、完美的特征等。总之，这样一个世界，无论人们用什么词汇去描述它，都可能只是一种设想和想象，它到底是怎样的，有可能超出了人类思考的范围。一个不生不灭的完美世界是怎样的，这对于生活在变化中的不完善的人来说确实是难以理解的。但是，在人们的信念中，总希望有一个不生不灭的地方，让它来承载人死之后的存在形态。这种心愿背后透露的是人类要克服死亡，消解恐惧，就必须没有生成变化，只有这样，人类才可以一直安然无恙地存在下去。人类也只有深信死后能到达这个不生不灭的不死之境，才可能从根底上与死亡达成和解，消除死亡恐惧。

王阳明是中国历史上具有传奇色彩的思想家，他临终时的情形亦令人叹服。明嘉靖七年，57岁的王阳明在两广总督军务时，突然旧疾加剧，他预感很不好，于是，上奏请求离职，并坐船离开，他原来打算一边等待朝廷批复，一边往家赶。当王阳明离开广东时，他的门人布政使王大用害怕路上有变，专门为老师备了一副棺材，随行舟后。十一月二十五日，王阳明一行逾梅岭，至江西南安时，府推官周积听说自己的老师来了，遂前往拜见王阳明。二十九日辰时，王阳明召周积入舟中，此时他已经说话困难了。过了许久，王阳明睁开眼睛，说了句："我要走了。"学生周积悲痛而泣，于是问王阳明："先生可有遗言？"王阳明微哂道："此心光明，亦复何言？"不久，王阳明与世长辞，享年五十七岁。王阳明先生最后一句话虽然短促，但却十分有力。在阳明先生看来，他的人生、他的生命虽然即将逝去，但是，他本心是光明的，已然圆满，所以他生命终了时无所畏惧，无甚缺憾，也无多余的留恋。人心光明，人心如若纯净，注定让人深信——人死之后必达光明无死之圣域，面对死亡，自然无所惧、无所恋、无所憾。这就是王阳明先生令人佩服的地方，他告诉人们，只要心中有信仰，心纯洁光明，死亡就会被超越，人生前路必是胜景无疑！

四、浴火重生

（一）观空破执

一位幽默的哲学教授曾经半开玩笑地说："人生啊，最艰难的或许不是死，最艰难的事情也不是怕死，而是生不如死，或者根本就不怕死。不怕死的人比死亡更可怕。"这位哲学教授的话实有所指——世间确实有不怕死的人，他们的不怕死是由于各种原因所致，所以无惧死亡，甚至向往死亡。实际上，这些人并不是不怕死，而是不知道死到底意味着什么。老子说："民不畏死，奈何以死惧之！"说的是人若不怕死，那还有什么可怕的，还有什么事情不敢做的？然而，在这种情况下，人不怕死，并不是真的不怕死，而只是不想再和他们生活着的世界有所瓜葛，牵连在一起，这些人对他们周围的世界感到消极悲观、无可奈何，甚至十分绝望，为了逃离当前的生活，他们厌弃甚至敌视自己以及周围的世界。于是，有的人直接调转枪口，准备取消这个承担他们全部世界的生命——自杀。这个世界上很多人自杀，并不是由于他们不怕死，而是由于他们怕活着，他们害怕、恐惧与他们联系在一起的人和事，以及周围世界。这些人决绝地扼杀自己的生命，只是不想生存在这个世界，或者不想与这个世界再相处下去，或者他们想让周围世界的人对他们的离去感到后悔、畏惧和改变。自杀的人似乎一直在嘲讽留恋和热爱生命的人，为何一定要生活下去？这真是糟透了的想法！日常生活中，人们通常有两种极端的人生态度：一种是永远对活下去充满希望，充满期待，相信未来的生活一定会更好；另一种是一直对活下去不抱任何希望，觉得活着就是一种折磨，多活一分钟都难以忍受。这两种人生态度，前一种被认为是乐观主义人生态度，普遍受到主流社会的认同和提倡，它也是热

爱生命、倡导人生值得继续的重要教义；后一种被认为是一种悲观主义
人生态度，经常被主流社会所谴责和排斥，人们认为这种想法是消极的、
有害的。而佛家的看法有很多时候被人们认为根基上是消极的，它主张
的空无、虚幻、苦海无边的世界观似乎为人们生活的消极态度提供了某
种理由。这两种态度，无论人们在什么样的情况下，总涉及到活下去的
问题，那么人要活下去，艰难或者容易，总不免想起这个问题——为什
么要活下去？为什么人要这么执着地活下去？有的人死亡即将降临前，
也难免会想起这个问题——人苦苦求索，拼命抵抗死亡，受尽折磨地努
力活下去，这又是为何呢？这些问题和困惑其实是人生中十分正常的问
题，也是人们极难回答的人生问题。

　　就像史铁生说的那样："死是一件无需着急去做的事，是一件无论
怎样耽搁也不会错过的事。"因而，当人们以为提前结束生命就可以
解脱，或者以为通过自杀就可以解决问题时，这是太过执着一些无须
执着的事情了。作家史铁生，他在身体刚截瘫的几年，一直在思考一
个问题："活还是不活？"当"活还是不活"成为他首要面对的问题
时，人们可以想象，史铁生肩上的生存压力或许超过了他所能承受的
极限。到底是选择死亡，还是选择拒绝死亡、继续接下来的人生？这
对身体遭受重创的人，的确是个真实而迫切的问题，也是作家需要面
对的糟糕处境和思考的首要问题。面对"活还是不活"这个问题，人
往往容易陷入一个极端的心理预设：目前情况很糟糕，接下去只会更
糟糕；到目前为止，生存已经没有价值，人没有必要活着，而接下来
生命也不会更有价值，因此，还不如趁早了结。人们习惯把一时的困
难和绝望无限放大，在困境中难以看到转机，不愿意从变化中看到生
机，这种执着最后只能人为地酿成悲剧。如果"死是一件无需着急去
做的事，是一件无论怎样耽搁也不会错过的事"，那么人为什么不活
下去试试看呢？从佛家的态度来看，人生即便本无意义，那也无须惊
讶，人生的痛苦、不实之真相正是由此显现。无论如何，对人来说，最
重要的是，必须放下人生各种不切实际的执着，对生的执着，对拥有

的执着，对偏见的执着，对死亡排斥的执着，从而洞察宇宙人生之本相，就像《无量义经》中说的那样，人们要："一切法念念不住，心心生灭。"

人们往往对执着的东西总是信以为真，同时，也总是把自己的痛苦无限放大，其实，如果可以适时地反思一下，把自己的痛苦与世间普遍的苦难联系在一起，或许事情就会变得有些不同。当人们发现，所有人执着的东西其实本质上并无差别，人类的痛苦、人的生成毁灭与其他生灵并无不同，在世界万物生成变化的过程，人并没有死亡的豁免权，于是，人们大概就能从普遍的苦难、虚幻、变化中超脱出来，不再执着于一己之私，不再迷恋于自我构建的永恒世界，那么，人们此时就会看见另一个不同的世界，这个世界无所谓生死，也没有所谓生成毁灭，只有空无永驻。

（二）超脱轮回

"空实无华，病者妄执，由妄执故，非唯惑此虚空自性，亦复迷彼实华生处，由此妄有轮转生死，故名无明"。

——《圆觉经》

破除执念，对于人来说有时太过困难，世俗社会中，人们总是被鼓励要执着，要坚强，要成功，要一往无前。

人世间，不同的人执着的东西当然有所不同。但是，总的来说，"乐生恶死"是人们最常见的执着。因此，要破除这个执着异常艰难。对于许多人来说，要挣脱生死执着的束缚，首先要面对的就是自己的欲望和意志问题。人们有时会发现，人的喜好欲求似乎是没有穷尽的；而且，它会不定时地再次出现，强迫人去满足它，人生仿佛落入了一个欲求的循环圈，像极了哲学家叔本华说的情形："欲望没有满足的时候，人就会痛苦，欲望满足以后，人又会感到空虚"。因此，人就在满足与空虚之间循环往复，像落入了一个轮回似的，无论如何，只要不彻底改变，似乎永远都跳不出欲望循环往复的陷阱，比如说，人会饿，饿了就要吃东西，但是很快，人又饿了，人类几乎所有欲望都有类似特点，即仿佛处在一个不断循环的轮回状态之中。与此类似，习惯、喜好、想法、行为等，一旦形成，也会不断循环往复，仿佛陷入了一个个难以跳脱的轮回圈。无论是自觉的、还是不自觉的，人们都在不断遭遇类似的情形，比如，害怕死亡，所有人都害怕死亡；同时，一个人只要出现过一次害怕死亡的情形，那么，从此以后，在类似的场景、类似的情形下，这个人害怕死亡的情绪就可能再次出现。因此，人们可以看到，人类似乎总是不断地在自己执着的世界里循环往复，不断"轮回"，难以超拔。人们喜欢处在自己熟悉的环境中，一旦人们对环境形成依赖，形成依靠，那么，他们就会拒绝变化的外部世界，排斥陌生的环境。可是，无论如何，世界都是生成变化的，而且，生成变化从来没有停止过。因此，如果人们可以从对世界、对自我、对观念的执着中超脱出来，似乎就可以打破生活不断循环、不断轮回的状态。

当人们消除了执念的影响，消除了乐生恶死的想法，于是就从执念、欲望不断循环轮回的状态中解脱出来，进入一种宁静平和、安乐自在的状态，佛家把它叫做涅槃，人们也可以把它理解成一种跳出偏执束缚的更高、更好的生活状态。而人只要进入这种状态，即所谓"不生不灭、不增不减、不垢不净"的修行状态，死亡就不再是问题了。

参考文献

叔本华.作为意志与表象的世界［M］.北京：商务印书馆，1982.

朱熹.四书章句集注［M］.北京：中华书局，1983.

邱仁宗.生命伦理学［M］.上海：上海人民出版社，1987.

萨特.存在与虚无［M］.陈宣良，等译.北京：三联书店，1987.

加缪.西西弗的神话［M］.杜小真译.北京：三联书店，1987.

罗斯.成长的最后阶段［M］.孙振青编译.中国台湾地区台北：光启出版社，1993.

张淑美.死亡学与死亡教育［M］.中国台湾地区高雄：复文书局，1996.

杨鸿台.死亡社会学［M］.上海：上海社会科学出版社，1997.

林绮云.生死学［M］.中国台湾地区台北：洪叶文化有限公司，2000.

尉迟淦.生死学概论［M］.中国台湾地区台北：五南图书出版公司，2000.

孟宪武.人类死亡学论纲［M］.西安：陕西人民教育出版社，2000.

费迪南·费尔曼.生命哲学［M］.李健鸣译.北京：华夏出版社，2000.

恩斯特·贝克尔.拒斥死亡［M］.林和生译.北京：华夏出版社，2000.

郑晓江.善死与善终［M］.昆明：云南人民出版社，2002.

翟晓梅.死亡的尊严［M］.北京：首都师范大学出版社，2002.

林绮云，张盈堃，余安邦.生死教育与辅导［M］.中国台湾地区台北：洪叶文化事业
　有限公司，2002.

玛丽萨·圣·克莱尔.濒死体验［M］.凌红，韩洪波译.珠海：珠海出版社，2002.

马丁·海德格尔.林中路［M］.孙周兴译.上海：上海译文出版社，2004.

唐君毅.人生之体验［M］.桂林：广西师范大学出版社，2005.

唐君毅.人生之体验续编［M］.桂林：广西师范大学出版社，2005.

释开慧.生死学研究［M］.中国台湾地区嘉义：台湾南华大学生死学系，2005.

钮则诚.生死学［M］.中国台湾地区台北："国立"空中大学出版社，2005.

郑晓江.解读生死［M］.北京：中国社会科学文献出版社，2005.

靳凤林.死，而后生——死亡现象学视域中的生存伦理［M］.北京：人民出版社，2005.

罗斯.论死亡与濒死［M］.邱谨译.广州：广东经济出版社，2005.

埃尔温·薛定谔.生命是什么［M］.长沙：湖南科学技术出版社，2005.

傅伟勋.死亡的尊严与生命的尊严［M］.北京：北京大学出版社，2006.

陆扬.死亡美学［M］.北京：北京大学出版社，2006.

王一方.医学人文十五讲［M］.北京：北京大学出版社，2006.

冯沪祥.中西生死哲学［M］.北京：北京大学出版社，2006.

海德格尔.存在与时间［M］.陈嘉映，王庆节译.北京：三联书店，2006.

陀思妥耶夫斯基.卡拉马佐夫兄弟［M］.荣如德译.上海：上海译文出版社，2006.

王夫子.殡葬文化学［M］.长沙：湖南人民出版社，2007.

罗斯.天使归乡：孩子与父母认识死亡的一堂课［M］.谢东紫译.中国台湾地区台北：城邦文化事业股份有限公司，2007.

邹宇华.死亡教育［M］.广州：广东人民出版社，2008.

胡宜安.现代生死学导论［M］.广州：广东高等教育出版社，2009.

蒙田.蒙田随笔全集［M］.马振骋译.上海：上海书店出版社，2009.

德斯佩尔德等.最后的舞蹈［M］.夏侯炳，陈瑾译.北京：中国人民大学出版社，2009.

柏拉图.理想国［M］.顾寿观译.长沙：岳麓书社，2010.

罗洛·梅.焦虑的意义［M］.朱侃如译.桂林：广西师范大学出版社，2010.

索甲仁波切.西藏生死书［M］.杭州：浙江大学出版社，2011.

查尔斯·科尔.死亡课——关于死亡、临终和丧亲之痛［M］.北京：中国人民大学出版社，2011.

罗斯.人生的功课［M］.徐黄兆译，北京：中央编译出版社，2011.

迪尔凯姆.自杀论［M］.孙立元，滕文芳译.北京：北京出版社，2012.

克尔凯郭尔.畏惧与颤栗.恐惧的概念.致死的疾病［M］.京不特译.北京：中国社会科学出版社，2013.

罗斯.生命之轮：生与死的回忆录［M］.范颖译.重庆：重庆出版社，2013.

谢利·卡根.死亡［M］.贝小戎等译.北京：北京联合出版公司，2014.

雷蒙德·穆迪.死后的世界：生命不息［M］.林宏涛译.北京：世界图书出版公司北京公司，2014.

杨足仪.死亡哲学十二讲［M］.南昌：江西人民出版社，2015.

叔本华.爱与生的苦恼［M］.陈晓南译.哈尔滨：哈尔滨出版社，2015.

理查德·贝利沃.活着有多久：关于死亡的科学与哲学［M］.白紫阳译.北京：生活.读书.新知三联书店，2015.

欧文·亚隆.存在主义心理治疗［M］.北京：商务印书馆，2015.

欧文·亚隆.直视骄阳［M］.张亚译.北京：中国轻工业出版社，2015.

西蒙·克里切利.哲学家死亡录［M］.王志超，黄超译.北京：商务印书馆，2015.

王云岭.现代医学与尊严死亡［M］.济南：山东人民出版社，2016.

杰尔姆·格罗普曼.最好的抉择［M］.鞠玮婕，邓力译.杭州：浙江人民出版社，2016.

迈克尔.R.雷明，乔治.E.迪金森.温暖消逝——关于临终、死亡与丧亲关怀［M］.庞洋，周艳译.北京：电子工业出版社，2016.

列夫·托尔斯泰.伊凡·伊里奇之死［M］.许海燕译.北京：东方出版社，2017.

尼采.悲剧的诞生［M］.孙周兴译.上海：上海人民出版社，2018.

维克多·弗兰克尔.活出生命的意义［M］.吕娜译.北京：华夏出版社，2018.